U0921247

大学教育力

金子元久◎著
徐国兴等◎译
苑复杰◎校

华东师范大学出版社

上海市版权局著作权合同登记　图字:09-2008-758号

目　录

序／1

中文版前言：面对时代的呼唤／4

中文版序——东亚的大学教育模式：中国、日本和韩国／7

前言：大学的教育力量／14

一、大学教育无用吗?／14

二、社会的变革必然导致大学的变革／15

三、大学教育应该追求怎样的目标?／16

序章　大学的“教育力量”的组成部分／1

第一节　大学的教育力量／2

一、大学的教育力量：对学生的影响／2

二、学生的四种类型／3

第二节　作为成长环境的大学／6

一、影响“态度”的要因——学力、社会认识和自我认识／6

二、阶段转换的两个类型／8

第三节　大学教育的构造与“射程”／10

一、大学教育的目的／10

二、大学教育的方法／11

三、规定大学教育“射程”的要素／13

第四节　本书的构成／14

第一章　大学教育的源流和嬗变／17

第一节　大学的成立／18

一、历史上人类社会对大学的期待／18

二、组织文化与课程／19

三、从中世纪到现代／20

四、大学教育的三个源流／20

第二节　专业人士的培养及其枯燥性／21

一、国民教育与官僚培养／21

二、法国职业技术学院模型的影响／22

第三节　“博雅教育”的多义性及其误解／23

一、探究取向与古典取向／23

二、博雅教育的历史发展／24

第四节　“洪堡精神”及其束缚／25

一、学术性真理探求的理念／25

二、影响教师自我规定的洪堡精神／27

第五节　工业化、经济发展和高等教育大众化／27

一、高等教育的爆炸式扩大／27

二、大学的大众化与教养教育的变化／28

第二章　大学教育的美国模式／31

第一节　美国社会与大学教育／32

一、“填鸭式”教学传统／32

二、研究的出现／32

三、美国模式大学教育的形成／33

四、选修科目制度的形成和博雅教育内涵的重构／33

五、通识教育的诞生／34

第二节　美国社会与大学的使命／35

一、知识和技能的形成／35

二、支撑民主社会公民意识的形成／36

三、专业学术知识的传递／38

第三节　大学的教学组织／39

一、教学组织／39

二、多元性大学组织／40

三、本科教育的环境／41

四、入学与升级的制度框架／42

第四节　教学课程的三大特征／43

一、学习的幅度与阶梯／43

二、教学实践／44

三、学习动机的激发与学习经历的整合／45

四、普及化与国际化／46

第三章　大学教育的日本模式／47

第一节　日本大学的形成和发展／48

一、源自职业教育的起步阶段／48

二、高等教育的二元结构／49

三、战后的大学改革／50

第二节　大学理念——社会共识的缺位／51

第三节　制度与组织／52

第四节　教学课程／53

一、以研究为主导的教学模式／53

二、薄弱的控制机构／54

三、组织的教育力量／55

第四章　大学教育改革的关键时期／57

第一节　知识爆炸、知识社会化和全球化／58

第二节　高等教育普及化的冲击／59

第三节　青年期的蜕变／60

第四节　大学教育的课题：目的、过程和机制／61

第五章　职业能力、核心能力和教养／63

第一节　大学教育和职业之间的关系——两个基本模式／64

一、职业知识模式／64

二、日本模式／66

三、日本模式的瓦解／67

第二节　核心能力与大学教育／68

第三节　重新审视教养教育的价值／70

一、基础能力与教养／70

二、如何构建日本的“教养”/72

三、通过专业教育进行教养教育/72

第六章　大学教育力量的形成和强化/75

第一节　大学教育力量产生的基础/76

一、主体性参加和深入体验的获得/76

二、如何建构学习框架/77

第二节　教育力量强化的战略选择/78

一、教育和学习框架的再构筑/78

二、教学方法和教学内容/82

三、激发动机和意义化/84

第三节　教育改革手段的清单/86

第七章　大学教育力量的基础/89

第一节　教育组织的治理结构/90

第二节　监控和改善据点/91

一、从多个角度测量大学教育的影响/91

二、教育改善的据点/92

第三节　教育力量形成的财政基础/93

第四节　有利于教育质量改善的社会机制/95

第五节　作为社会整体投资的高等教育/96

第六节　结论/98

第八章　本科阶段课程改革的问题和对策/99

第一节　社会和大学教育/100

一、21世纪的社会和大学教育/100

二、大学教育和职业社会的相关性/102

三、大学教育的效果/103

四、质量保障、效率和社会问责/104

第二节　重视结果的价值取向及其中存在的问题/105

一、重视结果的取向/105

二、以教育结果测量为目的的教育测验／106
三、教育结果测量和控制功能之间的联系／108
四、学习成绩测验措施中的问题／109
第三节　建立综合的评价和控制机制／110
一、古典模式／110
二、重视结果模式／112
三、教与学过程监控模式／113
第四节　结论／115
附章　高等教育发展的中国模式／117
第一节　政策大转型：从稳步发展走向规模的迅速扩大／118
第二节　高等教育的规模扩大和结构变化／120
一、高等教育机会的市场化／120
二、科学研究的市场化／122
三、高等教育的发展对金融市场的依存度加深／123
四、高等院校的治理结构／124
第三节　从中日比较的角度审视中国高等教育发展／126
结束语／128
参考文献／129
所参考的调查一览表／136
译后记／137

序

通读日本学者金子元久的新著《大学教育力》中译本之后，获益匪浅。以下从我国高等教育的现状出发，简单谈谈我所理解的该书主要内容和其中蕴含的借鉴意义。

在现代社会里，高等教育和社会之间的关系变得越来越模糊而难于把握。这种模糊主要来源于因政治、经济和社会等条件变化而产生的两者之间相互作用的复杂化和多样化。为此，在进行高等教育改革之前，高等教育政策研究者和政策制定者以及其他高等教育的相关人员都不得不回答以下几个问题。(一) 在个人和社会的发展中，高等教育究竟起着怎样的作用? (二) 如果高等教育确实起着某种必不可少的社会作用，那么，促使这种作用顺利发生的机制是什么? (三) 如何改革才能保证高等教育能够完善机制，发挥上述社会所需要的功能? (四) 高等教育改革得以顺利实现的基本条件是什么? 这些是当前世界各国高等教育发展所面临的共同问题，日本自然也不例外。日本东京大学金子元久教授的专著《大学教育力》就试图根据日本的国情，从学术上回答上述几个问题。

第一个问题看似不言自明，其实尚无定论。日本有些民众认为“大学就是游乐园”。虽然公众、政府和高校都从各个方面对大学教育的问题展开过深入探讨，但是并没有形成明确而统一的认识。金子教授认为，大学的教育力量就是大学教育对学生的影响。这种力量不仅受制于大学方面的教育工作，也取决于学生们在知识和意识方面所作的准备以及希望通过大学教育获取的东西。从这两个角度可以把大学生分为四种类型：(一) 高度匹配型。此类学生很有自信，对于将来的展望十分明确。同时，大学施教方的意图与学生的将来展望保持一致。这类学生最能够回应教师的意图，教师们在上课时也最容易被这些学生的要求和反应所影响。教育体制在整体上也会自然而然地为进一步符合这类学生的需要而发生变化。(二) 有限认同型。这类学生的自我和社会认识程度很高，但由此所形成的“准备”与大学教育的意图却未必一致。对于他们来说，大学只不过是人生的一个关口，毕业以后的努力才是实现自我的手段。他们对学习并未投入太多的精力，而将时间主要用于兴趣小组活动、志愿者活动和打工等方面。因为日本企业对学生的专业知识并不作任何期待，所以这样的学生反而被企业积极地招收进去。(三) 被动接受型。这类学生的自我认识和对将来的展望未必清晰，因此他们并不清楚大学教育的目标，但正因为不清楚，所以对大学教育抱有期待，并主动地按其要求去做。虽然学生无法明确自己的要求，但是如果大学不能满足他们的期待的话，他们反而有可能会变得非常具有批判性。(四) 疏远型。这类学生的自我和社会认识尚未确立，而且与大学教育的意图之间的符合程度也较低。因此，他们对上课并无兴趣，往往在兴趣小组活动中也无法找到自己的位置。大学拥有较高的教育力量就意味着，一方面向高认同的学生施加着深远影响，另一方面进入其“射程”之内的学生也有相对较大的规模，受到不同程度的影响。

在高等教育发展过程中，日本的大学教育形成了如下特点：课堂教学以研究为主；控制学生学习的正式机构缺乏；学生隶属组织在教学中发挥着重要的职能。这是日本社会和高等教育制度发展的客观产物，具有一定的必然性。可是现在拥有上述特点的日本高等教育开始变得不太能够适应社会要求，其原因在于社会的知识化、劳动力市场的流动化和入学适龄人口的大幅度减少。为此社会要求大学探讨改革途径。一种比较有影响的观点是大学应该培养学生的核心能力。核心能力包括逻辑、传达和意志等三方面的基础能力。而成为改革中心问题的就是如何发挥“教养教育”在核心能力形成中的作用。因为原始意义上特别是古典主义的博雅教育(即日本的教养教育)均把培养基本能力作为目标。但是日本一直没有能够建立起完善的提高学生教养的博雅教育体系。发展教养教育的方向之一是提倡扩张性专业。扩张性专业是指用广阔的视野定位各个专业科目，包括能够赋予专业以明确意义的教育内容的专业科目。为此有必要综合地设计各科目的授课目标、授课方式以及学生的学习方法等。这要求学生的主体性参加和深入体验的获得以及校方合理建构学习框架以实现教学课程和过程的综合化和流动化、体系化和标准化，有利于学生动机的形成和学习内容的意义化等。但是大学教育力量的强化需要一定的组织基础，这包括大学组织的治理机构、教学监控和财政基础等三方面。当前首要的任务是大学的整体管理机构必须明确本科阶段教育的职能与目标，形成教育改革的综合方针，然后把学部这样的纵向分割的教育组织横向地贯通起来。与此同时，强化系统的自我评估，这是大学教育力量强化的先决条件。而且，大学教育力量的强化需要很多资源，日本高等教育的教学质量不甚理想的原因正是其低费用结构和该结构所形成的社会文化带来的后果。所以必须进一步增加用于高等教育尤其是教学改革的财政投资。

本书在理论和实践上都具有一定的借鉴意义。从理论角度而言，作者厘定了很多一直比较模糊的高等教育学上的基本概念，比如博雅教育和核心能力等，给读者以智慧和启发。而且，从不空发议论，所有的议论均建立在翔实的史料或实证调查的数据基础之上。从实践角度而言，如上所述，本书探讨了在21世纪初日本高等教育进入后普及化阶段、知识经济和全球化的背景之下，大学教育所面临的种种挑战以及未来发展远景。在书中，作者从大学的理念、组织制度、课程架构以及学生的学习行为等多个层面进行考察，并结合历史发展、国际比较以及理论和经验研究的视角，综合而深入地阐述和剖析了大学教育的历史、现状、挑战，以及克服挑战，重塑和提升大学的教育力量的途径。同时，书中几乎所有论题都是我国当前高等教育同样面临或即将可能面临的问题，非常具有借鉴意义。比如，书中强调通过博雅教育和教养教育来培养学生的基础能力，这和我国现在教育界主张通过通识教育来培养学生素质的观点非常相似。但不同之处在于金子教授所指的教养教育体现在课程上是指扩张性专业，换句话说是建立在专业教育基础之上的教养教育。而我国专家的主张多体现在加强公共课和基础课教学上。这也给我很大启发，让我再一次深入思考北大和我国一直进行的本科教学改革，比如北大元培计划等。金子教授还认为改变本科教学的组织结构和方式、强化大学评估尤其是教学水平评估、增加用于教学的财政投入是提高大学的教育力量的基础条件。他所指出的这些问题和改进的基本措施都和我国现在的情况有着某种程度的近似。

最后想说的是，金子元久教授是我国高等教育学术界的老朋友。近年来，他非常关注我国高等教育的发展，曾多次受邀来访就某些具有高度关注度的高等教育的现实问题作专题学术演讲，并担任我国多所著名大学，如北京大学、北京师范大学、华东师范大学、中国科技大学和浙江大学的客座教授。他的多篇论文和专著已被翻译成中文介绍给我国读者，在学术界产生了较大反响。期待本书也能对我国今后的高等教育研究和改革产生其应有的借鉴意义。

闵维方
于北京大学
2009.03.28

中文版前言：面对时代的呼唤

回首20世纪的高等教育发展，那无疑是一个充满乐观主义的、规模急剧扩大的时期。特别是20世纪后半期，在经济合作和发展组织(OECD)的各国，进入高等学校的青年人的比例迅速增加，如果把短期高等教育(相当于我国的专科教育——译者注)包含在内，其入学率目前已经达到70%左右。相比而言，中国高等教育的规模扩大虽然相对较迟，直到20世纪90年代后期才出现，但也很快进入了高等教育大众化时期。随着知识经济时代的到来和国际化的深入发展，个人所掌握的知识和技能，不仅会影响个人一生的发展，更重要的是会影响整个国家的将来。为此，社会期待大学未来能在促进社会发展中发挥核心作用。

但是，时至今日，大学教育却受到来自社会各方的严厉批判。比如，在日本，人们指责“大学是游乐园(leisure land)”，尤其是企业界对大学生在校期间所学知识和技能不抱任何期待。近年来，随着大学入学率的迅速提高，大学生素质下降，部分大学生甚至不具备一定的基本知识和技能。大学如果仅仅通过入学考试筛选一部分人和给予他们所谓大学毕业的标签，那么这实际上只不过是一项浪费巨大的社会工程而已。

尽管受到严厉批判，但目前大学教育看不出本质变化的迹象。也许是因为升学需求依然远高于高等教育机会供给，高等教育机会供求关系仍然是卖方市场。从高校角度而言，学术伦理是其存在的合法基础，和社会对高校的要求相比，大学组织和作为其组织基础的大学教师个体更注重学术研究伦理。对于学生家长而言，他们首先重视的是子女能否进入大学读书，而在大学中能学习到什么知识和技能则位居其次，甚至漠不关心。

对企业，特别是日本企业而言，传统的做法是看重聘用高素质的年轻人，然后以培训教育(OJT, on-the-job training)的方式向他们传授本企业所需技能，从而提高企业生产效率。企业不必对大学教育抱太多期待，相反，如果不断强调“大学教育无用论”也许有利于企业以较低的薪酬雇用大学应届毕业生。由此看来，大学教育的存在方式是大学适应社会经济形式的一种客观结果。

中国和日本正相反，在传统社会主义计划经济体制中，所采取的高等教育模式如下。大学教育所传授的是高度专门化的知识和技能，毕业生根据其所学到的专门知识和技能被分配到各个生产部门中去。在这种体制下，大学教育直接被有机植入经济生产活动之中。大学教育的有用性是不证自明的客观现实。但是随着从计划经济体制向市场经济体制的转变，由于大学毕业生就业也主要通过劳动力市场进行，实际上，大学的专业和毕业后职业之间的对应关系逐渐变弱。虽然如此，在经济高速发展的现实条件下，大学生尤其是名牌大学的毕业生能够找到较好的就业岗位，所以，大学教育的质量问题反而没有成为很大的社会问题。

不过，当前的社会经济发展模式开始出现巨大变化。首先是科学技术的急速发展、经济国际化和知识社会化。科学技术发展导致人类知识急速增多，这不仅意味着尖端技术的数量增多，还意味着学科知识之间相互关系模糊化。因此，如何吸收新知识和培养新一代就成为需要认真考虑的问题。国际化也使人、财、物国际流动的壁垒逐渐消失。经济发展越来越不单纯取决于大规模的设备和资本积累，变得更多依靠科学发明、新技术和新服务理念。在这种形势下，个体所拥有的知识技能就越发具有重要意义，而且人们越发期待大学能够作为社会发展的核心。其次高等教育扩招本身也引发了各种需要解决的根本性问题。随着高等教育入学率急速上升，在学业能力和学习积极性上，与传统高校学生不同的群体成为高校校园里一道引人注目的风景。同时，老龄化使国民经济和政府财政都受到了严重挑战。即使是必要的经费投入，政府也开始强调效率。最后，青少年自身也出现了很多本质变化。高考竞争不再是激发中学生学习动机和保障高校入学者质量的重要因素。上述因素要求大学教育进行改革。

当然，针对上述形势各国也采取了应对策略。在激烈的生源竞争的背景之下，高等院校将完善教学功能作为其重要任务，大学教师的危机感也日趋强烈。与象牙塔式的传统大学观念不同，20 世纪 90 年代之后的大学形象确实开始发生变化。不过，上述努力时至今日还没有结出丰硕的成果。另一方面，社会各界对高等教育的关心也越来越多。比如，在日本，以社会一般群体为读者对象的杂志，屡屡以“有用大学”、“有利于就业的大学”和“物美价廉的大学”等为醒目标题以吸引读者眼球，这从一个侧面反映了社会对这个问题的高度关心。但是，这种高度关注的背后还有很多课题值得注意。究竟什么是大学教育的功能？如果说大学教育的功能是向学生传授在今后工作中需要的知识和技能，那么企业首先应该明确有关新员工的知识技能要求，但是现实中无法找到这样的例子。可以说，社会各界是以一种极为空虚的形式关注大学教育，这种关注度越高大学教育越危险。所以当前迫切需要解决的课题是，社会和大学双方对大学教育的目标和功能要形成明确而统一的认识。

大学教育质量的改革不仅在日本和中国，在欧美各国也是重要的政策课题。随经济发展而来的高等教育大众化和普及化，使重构大学理念、组织和行为模式成为当务之急。虽然各国视美国高等教育为大学教育的理想模式，但美国高等教育也在20世纪80年代之后经历了一场根本性的变革。因此有必要把包括中国和日本在内的东亚高等教育所面临的问题放在国际化的大背景下来讨论。总而言之，高等教育面临着各式各样的问题。其中主要有以下三个方面：当前大学教育问题的根源是什么？如何才能解决这些问题？解决这些问题的前提保障是什么？本书将对上述大学教育的根本性问题展开深入思考，并在此基础上探索日本大学教育的未来发展方向，同时希望对中国高等教育的发展有所贡献。

最后，深深感谢中国学术界的同仁，不仅感谢你们为本书中文版的顺利出版而付出的巨大努力，同时也感谢在长期的学术交流中，你们带给我的诸多启迪。

金子元久

于日本东京大学

2009.03.20

中文版序——东亚的大学教育模式：中国、日本和韩国

从国际比较的结果来看，包括中国、日本和韩国在内的东亚高等教育具有明显的共同特征。这种共同特征具体说来包括两个方面。第一，和欧美各国相比，社会一般民众对进大学读书的期望值非常高，因而，大学入学率在社会经济发展水平相对较低的阶段就开始大幅度上升。第二，由于选择上大学的学生大幅度上升，围绕大学升学就产生了非常激烈的高考竞争，这进一步给初等教育和中等教育以巨大影响。

研究者历来认为这些特征的产生是因为东亚各国深受儒家文化的影响，笔者则以为不然。更接近客观真实的应该是这些共同特征源自东亚各国现代化的近似方式。东亚各国虽然各自具有源远流长的发展历史，也具有高度成熟的文化，但是却没有能够产生现代的科学技术和社会制度。因此，作为权宜之计，在近百年的发展历程中不得不导入欧美的知识和制度。以这些新型知识和制度为基础发展起来的现代企业，最终通过向国际市场输出工业产品而迅速发展壮大，进而成为国家整体经济发展的核心支柱。但是这样的发展方式使这些现代企业部门（日本称为财阀系大型企业，中国叫做外资企业，韩国则名之为输出企业）和传统的生产部门之间产生巨大差异。对于普通民众来说，被这些现代企业部门所雇用正是提高个人生活水平的一条捷径，而进入这些部门工作的条件就是高学历。顺便说一句，在现代社会里，在普通民众进入中产阶级行列的诸手段中，教育占据着非常重要的位置。

这样的经济社会发展机制，孕育了经济发展和教育发展相互联系的一个独特范式。与其说入学率的提高是经济发展的结果，不如说两者同时发生，其结果是短期内达到了世界上少有的高度教育水准，这反过来为经济发展提供了充足的人才保证。这样，就形成了一个良性循环。同时，高强度的高考竞争，其影响波及高中、初中甚至小学教育，催生了东亚学生强烈的学习动机，进而促使学生能够掌握高度的知识和形成高度的能力。众所周知，在国际上举行的 TIMSS 和 PISA 等学生知识能力水平调查中，韩国和日本学生的成绩经常占据鳌头。从这一点来说，东亚各国的发展经验在向人们讲述着一个成功的动人的故事。

但是，不可否认，在这个成功故事的背后，其实也隐藏着非常大的问题。

第一，这样的发展模式，也许可以说实现了数量的扩大，但未必能够说实现了质量的提高。在上述机制发生作用的情况下，日本高等教育入学率在20世纪60年代大幅度升高，时至今日，仅仅四年制本科院校的入学率就已经在50%左右，如果把短期大学也计算在内，则入学率已经超过70%。韩国高等教育的规模扩大从时间上来说虽然较日本稍微晚了一点，但也已经达到和日本同样的水平。现在，在日本和韩国，没有受过某种形式的高等教育的青年人反而在社会上是少数。时代已经发展到一半以上的年轻人都能到大学读书的新阶段了。中国高等教育的规模扩大时间来得更晚，直到20世纪90年代末和21世纪的初期，大学入学率才有了飞速提高。

美国高等教育学者马丁·特罗把高等教育的发展分为三个阶段，第一是精英阶段，第二是大众化阶段，第三是(机会均等)普及阶段。而且把高等教育入学率超过50%看作到达普及阶段的基本指标。如此看来，中国高等教育已经进入大众化阶段，而日本和韩国已经步入普及阶段。

但是如此数量的扩张往往很容易掩盖质量方面的问题。虽然家长和子女也许是为了美好的将来把考上大学作为奋斗目标，但是这未必是为了让其接受更好的教育。企业也愿意雇佣大学毕业生，这是因为考上大学意味着具有较高的基础能力，但未必意味着企业高度评价学生在大学所学到的知识。

从大学内部来看，对于教师个人来说，重要的是研究成果，这未必能够带来教育质量的提高。在通过高考竞争而形成的大学威望序列中，大学越是有名气越没有进行教学改革的动力，相反，越是无名的大学越愿意进行教学改革。可是，无论没有名气的大学如何进行教学改革，其努力和地位总是得不到社会承认。在这样的现实情况下，对于个体大学来说，并不明白自己应该追求什么样的教育质量。

在这样的社会机制中，数量扩大化和质量空虚化并行不悖就是迄今为止东亚各国高等教育的发展方式。

第二个原因是青年人的变化。如上所述，因为美好未来和高考成绩之间的对应关系非常明确，所以家长很容易说服子女相信学习的必要性，子女也很容易接受，而且，学校和社会全体也把青少年时代应该学习视为理所当然的事情。特别是对于社会阶层相对较低的家长来说，其子女这一代如果要跨进中产阶级的行列，高考的成功就是必要条件。同时，对于已经走入中产阶级行列的家长来说，如果子女高考失败，就意味着将来仍然会有从中产阶级坠落到社会底层的可能。希望或恐怖攫取了家长和子女的灵魂。

毫无疑问，这样的社会文化结构有其不健康的一面。由此而生的社会危机感表现在东亚各国的社会生活中就是多次尝试改革高考制度和考试形式。但是只要高考竞争位于上述社会发展结构的核心地位，那么任何改革就不仅不能促使现状有所改善，相反，还会使问题复杂化，使局面更为混乱。

但是令人意想不到的是，人口结构的变化带来了实质性的变化。不管是日本还是韩国，大学适龄人口在20世纪的90年代至21世纪初迅速减少，这样，尽管大学入学率在上升，但大学的学生收容能力整体上还是逐渐出现了过剩。如果不对具体大学挑挑拣拣，那么上大学实际上就不存在任何限制条件。在这样的条件下，通过高考竞争催生学生学习动机的社会机制慢慢就不能有效发挥作用。可以想见，不远的将来类似的状况在中国肯定也会发生。

但是更为深刻的问题是青年的人生观和未来期待也在发生很大变化。经济发展带来了社会富裕，但是正因为此，追求进一步的物质丰富的欲望就减弱了，社会开始追求具有多样化和个性化的价值观。同时，处于生长发育途中的青少年不得不自己摸索，因为习惯了考试竞争这样一元化社会价值观的父母、学校和社会无法向他们提供充分的支持。而且，在国际化的大潮中，由于产业结构和职业结构不断变化，“将来”变成了一个充满危险的词汇。在这种情况下，青年也无法形成对自己将来的明确期待。

上述青年价值观的变化并不局限于日本和韩国。美国和欧洲等先进工业国也在不同程度上出现了上述问题。只是由于日本和韩国具有上述支撑现代社会发展的社会结构，没能明确意识到青年人价值观的变化而已。

与此相比，中国还处在经济快速发展的过程之中，因而整个社会仍然显得朝气蓬勃。在农村地区，如何解决温饱问题还是政策的核心。所以，青年人普遍具有较高的社会上升流动的欲望。可是，在城市地区，由于社会富裕程度急剧增加，加之独生子女政策的长期施行，青少年人口比例逐渐下降，导致青年人的价值观和生活理想已经发生变化。因此青年的意识今后会发生显著的本质变化。

第三个因素是国际化。特别是在韩国和日本的经济发展过程中，虽然产品输出是经济发展的核心，但是在其他方面却是通过形成和外界隔离的自给自足的社会经济结构而实现的。世界经济发展不允许其中存在这么一个特殊的形态，要求它们以前只进行某一单一产品贸易的对外窗户开放得再大一些。这就会引起社会经济全体存在方式的根本性变化，导致矛盾和混乱的产生。和这两个国家相比，中国一开始就采取了更为开放的政策，通过吸引外国企业，在相对较短的时间内实现了跳跃式发展。

包括中国在内的东亚各国的经济竞争实力是建立在转换欧美出现的发明和模式的基础之上，并把它在生产中实用化，同时强调生产效率得来的。但是随着科学技术不断向前发展，基础科学研究和理论创新的转换直接和经济竞争力联系在一起。在这个意义上，科学前沿的研究就成为一个关键因素。同时，随着企业活动的国际化，必须进入拥有不同制度和文化的社会中，和它们打交道，并在这样的活动当中寻找孕育新商品和新市场的可能性。而且需要组织企业活动，把不同文化的个人统一到同一个企业活动中。这就不仅要求派往国外的工作人员，即使在国内的一般白领阶层，都要具备这样的能力。

从这一点出发，韩国和日本的产业界认为它们的大学毕业生能力上有缺陷。同时，海外工作经验得来的复杂感受和中产阶级面对国际化的不安心情在韩国以社会对英语教育强烈关心这种形式表现出来。如果仅仅把这个问题看成是社会对学生英语会话能力提高的关心，那就未免把这个问题看得过小了。表面上是看重外语能力，但是本质上是人们认识到，外语能力背后的理论思考能力、开放型社会交际能力以及对多元文化所具有的兴趣和动机等，都是支持今后本国经济活动顺利进行的重要因素。

如此看来，中国、日本和韩国的教育，尤其是其中的高等教育正面对教育本质转变的压力，这也是三国在新的经济发展周期内进一步发展经济的基本条件。高等教育本质变化的焦点正是教育如何才能给予学生实质性影响。在这个意义上，大学的教育力量就成了改革的关键词汇。

那么，如何才能增强大学的教育力量？从这一点来看，美国的高等教育当然可以作为我们改革的重要参考。美国的高等教育先于世界其他各国进入大众化阶段和普及化阶段，并通过各种各样的政策变化、大学组织的改革和教育实践以应对其中出现的问题。我们不仅要学习借鉴具体的改革，更重要的是学习美国高等教育制度作为整体应对时代要求灵活进行改革的能力。

但是也必须认识到，美国的高等教育制度建立在其固有的社会经济结构之上。美国高等教育的生均经费（以购买力平价计算），约为日本的1.6倍，韩国的2倍（OECD Education at a Glance，2007）。这说明美国社会存在着一种共同认识，那就是不仅学生家庭，包括整个社会都要负担高等教育的财政。这和美国这个国家建立在新教伦理这一宗教价值观基础之上的民主主义思想有密切关系，并不仅仅是因为美国具有强大的物质基础。在美国高密度大学教育的理念基础和通过大学教育能够改变学生的个性等思想中都能找到宗教理念的影子。

在这个意义上，在东亚各国建立和美国同样的高等教育制度作为目标不仅不现实，也不是社会所期望的。东亚各国的高等教育必须站在现有的历史背景、社会经济和文化条件之上，摸索适合新时期的高等教育形式。

在这一方面，还必须看到的重要一点是，东亚各国的高等教育实际上也存在着多样性。虽然如前所述，从国际比较的结果来看，韩国、中国和日本的高等教育之间具有共同的特征，但是三国的高等教育具有各自的历史背景，反映了各自的社会经济文化特征，毫无疑问，三国高等教育之间还具有相当多的差异性，具体到大学教学方面也是如此。

如本书中所述，上溯中世纪以来的高等教育历史，不难发现，在大学教育这个问题上，存在着三个潮流。第一，起源于中世纪大学的法学、神学和医学的专门职业教育模式。在这个传统中，作为教育对象的知识具有和专门职业密切对应的体系，建立在这个体系基础上的考试于其中占据重要地位。第二，产生于古希腊和古罗马，在中世纪的英国大学中被体系化，在美国得到长足发展的博雅教育模式。在这个模式中，目标是以古典为中心的各个学科的教学和学习为媒介实现知性的形成和发展。第三，以19世纪初柏林大学的教育理念为代表，提倡对未知学术进行探索的大学教育模式，这被称为洪堡教育理念。在这个模式中，在追求“学术自由”和“学习自由”的思想哲学之下，强调学生自主学习的重要性。美国高等教育在19世纪末到20世纪初，在借鉴和包容上述三种模式的基础上形成了具有自己鲜明个性的高等教育模式。

从这个视点来审视三国的高等教育，也能发现很多本质差别。在东亚各国中，在现代大学出现历史最早的日本，其高等教育发展的初期阶段，大学作为专门职业教育机构的性质非常明显。但是到 19 世纪后期 20 世纪初期，受到德国洪堡大学教育理念的强烈影响，结果形成了教师全是研究者和学生应该自主学习的理念。在战后的教育改革中，虽然高等教育转向了学习美国高等教育模式，但教师是研究者和学生是自主学习者这一信念一直具有很强的影响力，尤其在大学教师队伍中影响力相当大。

韩国的大学教育在二战前具有和日本类似的特征，但是战后受美国大学教育的影响非常大。首尔国立大学的教育组织、课程设置与美国州立大学的教育模式具有极强的共性，私立大学受美国大学的影响也很大，一部分私立女子大学还形成了独具特色的博雅教育型的大学教育。加之很多韩国研究生留学美国，回国后成为韩国的大学教师这一点也在其中起着重要作用。尽管如此，如果看一看韩国大学本科教育的实际状况，就可以发现和美国的本科教育还是有一点不同，好像还能看到洪堡教育理念的影子。

中国也在 19 世纪末建立了自己的高等教育制度。一方面，作为北京大学前身的京师大学堂直接引进了德国的研究型大学和洪堡教育理念，也可以说直接或间接地通过日本而引入。另一方面，也能看到来自美国教会大学影响的强烈痕迹。但是促使中国真正形成现代大学基本制度的是新中国成立后社会主义中国所进行的大学建设事业。在这次大规模的大学建设事业中，模仿苏联高度分化的专门职业教育体系，然后结合中国实际加以发展。在这个体系中，起核心作用的是大学的专业领域和专门职业上的对应关系，学生在进校时就决定专业，毕业后就被分配到和专业相对应的职业中去。大学里的教学内容是完全标准化的课程，不存在科目选修的空间，考试也很严格。在其后的改革开放政策中，出于对上述教育模式缺点的反省，进行了有利于促进学生广泛学习的教育改革。但是，应该说，专门职业教育的思想仍然在中国的现实教育中拥有强大的影响力量。

上述各种大学教育模式，很难简单说孰优孰劣。但是，这些差异的存在也足以说明，东亚的大学教育虽然受到外部社会因素的限制不得不进行某些相同的改革，但是确实可以采取不同的发展模式。不过，不同的大学教育模式产生不同的学生学习模式，同时拥有其固有的教育效果和内在问题。如果能够掌握关于三国大学教育的实证数据并进行比较，是否就可以为探讨东亚大学教育的合理存在形式提供重要的理论基础呢？

在这个意义上，就中国和日本的大学教育进行对话，不仅在专业研究者之间，而且扩展到高等教育实践者、政策制定者以及社会全体，对研究两国高等教育走向21世纪的战略决策具有重要意义。笔者期望本书能够在这个方面发挥作用。

前　言：大学的教育力量

一、大学教育无用吗？

目前，日本年轻人中，有40%能够进入四年制本科院校学习。随着经济社会知识化和国际化趋势的日趋明显，毋庸赘言，个人所拥有的知识和技能，不仅对个体职业生涯发展有重要影响，更重要的是将在很大程度上左右日本社会整体的未来发展趋向。正是在这样的背景之下，人们期待大学能在开拓社会未来前景的过程中发挥核心作用。

但是，截至目前，日本的大学教育却受到了来自社会各方的严厉质疑。“大学是游乐园”一语被世人普遍接受，部分企业界人士表示对于高校学生在校期间所接受的大学教育不抱有任何期待，甚至人们指责由于近年大学入学率的迅速提高，大学生的质量出现明显下滑，并且部分学生基础学业能力薄弱。如果高等院校的功能仅仅局限于入学考试筛选和所谓大学毕业标签的赋予，那么可以说，日本的大学正在进行一项巨大的浪费工程。

最不可思议的是，尽管受到来自社会的各种批判，日本的大学教育却并没有作出根本性的回应和变革。这其中一个重要原因在于，日本大学升学需求者的数量依然保持着持续上升的势头，升学需求远高于高校吸纳学生的能力，这种供求失衡的结构为大学安于现状提供了温床。

除此之外，造成大学教育囿于现状的另一个重要原因是，大学是建构在学术逻辑基础上的组织。相比于社会的需求，大学组织或者其中的大学教师个体，他们的行为更倾向于遵循学术专业领域内的研究规律。

另外需要指出的是，实际上社会从某种程度上也认可了大学的上述特殊性，这种认同在一定程度上容忍了大学教育对社会需求反应的滞后性。对于学生家庭而言，他们首要关注的是子女能否进入大学，其次才考虑究竟在大学中学习什么。而对于日本企业而言，更重要的是选拔雇用高素质的年轻人，企业自己投资，以在岗培训教育的方式向年轻员工传授企业所需技能，并最终提高企业的生产率。因此，从这一意义而言，企业没有必要对大学教育抱有太多的期待，相反不断强调“大学教育无用论”，反而有利于企业以较低的薪酬雇用大学应届毕业生。

由此看来，目前日本大学教育的存在方式未必不可以理解为是其适应日本社会经济现状的一种结果。

二、社会的变革必然导致大学的变革

然而，问题是目前社会经济发展模式本身也开始呈现巨大的变革。

第一，这种变革体现在科学技术的急速发展、国际化和知识社会的发展上。科学技术的发展导致了人类知识的急速膨胀，这不仅是尖端技术的数量性膨胀，更重要的是由于学科知识之间边界的消失，学科知识间的相互关系日趋模糊。因此，如何吸纳这种知识积累，如何培养肩负推动新知识发展使命的新生代人才成为社会面临的严峻挑战。

此外，随着国际化潮流的不断渗透，以往阻碍国与国之间的人、财、物流动的壁垒正在逐渐消失。而经济发展的基础并不单纯取决于大规模的设备和资本积累，科学发明、新技术以及新服务理念也成为推动经济发展的重要基石。在这种新的环境中，个体所拥有的知识技能不仅对个人的职业生活具有重要意义，而且在很大程度上影响着整个日本社会的未来。

正是在这样的背景之下，人们期待大学能够作为核心推动力，肩负开拓未来的使命。

第二，高等教育扩招本身也引发了各种问题。由于战后日本政府推行福利国家政策，高等教育入学率急速上升，仅四年制大学在校学生规模就超过了适龄人口的 40%。无论在学业能力方面，还是在学习积极性方面，与传统高校学生具有本质差异的新学生群体开始进入大学接受高等教育。另一方面，由于人口老龄化问题的凸显，整体国民经济和政府的费用负担能力都受到了严重制约。即便是高等教育的必要经费投入，政府也开始极力强调其投入效率。

第三，年轻人自身出现的种种变化趋势也是促成大学教育变化的重要原因所在。日本激烈的入学竞争在初、高中阶段的学习中发挥了强烈的激励作用，并且在保障高校入学者质量方面发挥了重要作用。可以说，以往的日本大学教育是在上述前提之下形成和发展而来的。但是，随着日本社会经济上富裕程度的提高和 18 岁高等教育入学适龄人口的减少，日本迎来了“大学全员入学”时代。在这样的状况之下，升学竞争的影响范围缩小，大学入学者的学习积极性和学业能力都出现大幅下滑。上述各种时代潮流的同时出现,不仅对现有大学形成巨大冲击,同时也迫使大学不得不对上述变化作出反应。

现实中,社会对大学的关注度也日趋高涨。例如一般大众杂志中以“有用的大学”、“有利于就业的大学”、“低价优质的大学”为标题的专题稿件频繁出现,这无疑印证了民众对大学的关注热情。

然而值得我们深思的是,这种关注现象的背后是否也隐藏了重要的问题。究竟大学教育的“作用”是什么?如果说大学的作用是向学生传授在企业就业中有效的知识,那么企业应该清晰地表明对新上岗员工的具体知识和技能要求,但是在现实中我们几乎看不到这样的企业。如果参与杂志访谈和问卷调查的企业人力资源管理者能对在本企业工作的各类高校毕业生在工作中的贡献情况进行系统的分析,那么上述的大学教育危机则可以完全避免。

现实中,社会各界对大学的关注只不过是以一种极为危险的形式,像木偶一样被人为地操纵着而已。

当然,针对这种现状,日本政府和高校也并不是完全无动于衷。大学审议会以及近年的中央教育审议会等机构,从各个方面对大学教育问题展开了深入探讨,文部科学省也相继出台和实施了多项改革政策。即便是在18岁高等教育升学适龄人口急速减少的背景之下,陷于激烈生源竞争的各高等院校也将完善教学功能列入其重要任务,大学教师的危机意识日趋强烈。与长期以来社会普通民众脑海中存在的与世隔绝、独善其身的传统大学认知观念截然不同,20世纪90年代之后日本大学中的氛围已出现了巨大变化。但遗憾的是,政府与大学的努力并没有形成对大学未来发展的明确认识。

三、大学教育应该追求怎样的目标?

由此可见,大学教育究竟应该追求什么?发挥什么作用?对此形成明确的认识,并努力实现这一发展目标是社会和大学双方面临的严峻挑战。

目前,大学教育质量的改革也已成为欧美等国高等教育发展的紧迫课题。在急速的高等教育大众化、普及化趋势的冲击下,重新构建现代大学的理念、组织和行为模式已成为当务之急。即便是被各国推崇为大学教育理想模式的美国高等教育在20世纪80年代之后也经历了转折性的变革。在积极推动国际化的同时，为了培养优秀人才，保障美国在国际竞争中的领先地位，美国政府积极改善高等教育质量，并稳步增加了教育财政投入。原哈佛大学校长博克(Bok，2006)强烈提醒人们关注在推动未来发展的进程中大学教育所面临的严峻问题，在美国社会中产生了重要影响。博克的呼吁反映了他对大学教育在寻求未来社会创造方向中所肩负的核心作用的坚定信念，同时也反映了他对当前大学教育危机的沉重忧虑。

因此从某种意义上说，有必要结合上述国际化的背景趋势来讨论目前日本高等教育所面临的问题。

综上所述，当今日本高等教育面临着各种严峻挑战。但如果说当前大学教育存在着问题，那么问题的根源是什么？更重要的是大学究竟如何才能解决这些问题，从而让大学拥有稳固坚实的“教育力量”？同时，实现这一目标的前提保障是什么？本书将对上述大学教育的根本性问题进行深入思考，并在此基础上探索日本大学教育的未来发展方向。

序章　大学的“教育力量”的组成部分

14 世纪的大学课堂

大学教育中目前存在着什么样的问题？为什么会出现这些问题？在当前日新月异的社会中，又需要大学发挥什么样的作用？为了让大学发挥所期待的功能，大学和社会应该做些什么？以大学的"教育力量"这一概念为基轴对这些问题进行思考是本书的主旨。因此，我们首先来思考一下在大学里教育实际上是如何实施的。

第一节 大学的教育力量

一、大学的教育力量：对学生的影响

在此，我们先暂且将大学的"教育力量"定义为"大学教育对学生的影响"。这种意义的教育力量并不是单纯由大学方面的教育工作就能够决定的。大学教育与小学、中学教育的不同之处在于：大学是将学生视作成人作为其存在的前提条件的。长大成人的大学生们在入学时已做了一定的选择，在学习过程中从根本上来说也能够独立作出各种判断。因此，学生们在知识和意识方面做了什么样的准备，同时希望通过大学教育获取些什么，都成为制约大学教育力量能否发挥的非常重要的因素。

大学的教育力量发生于大学方面的教育规律与学生方面的成长规律的交接之处。

对于作为施教方的大学来说，虽然其教育具体是由教育理念、教育组织以及每一次授课活动组成的，但客观上来看，可以认为这一整体对什么样的学生产生影响和产生什么样的影响却具有一定的特殊性。

作为日本大学教育的基层组织，"学部"与特定的学术领域相对应，教师因其在各个学术专业领域的能力受到认可而成为教师，并在该专业领域内根据学生的能力来考虑如何进行教学。在这一意义上，大学教育最直接的重心被放在培养学生专业学术领域的能力上，就一点也不觉得奇怪了。

但是，令人遗憾的是，多数学生实际上即使掌握了这样的专业知识和能力，也并不是直接将这些技能用到毕业后的工作中去。甚至可以说许多学生根本没有直接运用过他们所学到的专业知识。

那么，以培养什么样的学生作为目标，对教育活动周围多大范围的学生给予了积极的影响，这些问题是否被考虑过，又是否被实现了呢？在此，我们将其称为大学教育力量的"射程"，即影响范围。

另一方面，从学生个体的角度来看，我们可以将大学教育看作知性

或者说人格成长过程中的一个阶段。通过入学前的学习积累而获得的学力水平，自然就成为接受大学教育，并受到其影响的基础。但是，已有基础的作用并非仅限于此。学生利用过去的成长和经验，对其自身拥有了一定的认识，并且以此为基础，对自己在将来社会中的作用也有了一定的预见。我们将这称为"自我认识和社会认识"。

自我认识和社会认识的深度和强度必然造成学生接受大学教育的欲望和感兴趣的具体程度，以及上课时所显示的"姿态"。因此，也就成为造就大学教育影响的另一个重要原因。实际上，正如后文所要阐述的那样，有关日本大学教育的调查大都表明，学生特性对从大学教育中受到的影响、大学生活，以及对大学的满意程度和成就感的形成都发挥着极其重要的作用。①

二、学生的四种类型

基于上述观点，我们用两条轴线对学生进行分类(表 0－1)。纵轴从学生方面着眼，以学生是否进入大学教育的"射程"为基准进行分类。横轴则显示学生的"自我-社会认识"的确立程度，以学生是否确立了"自我-社会认识"为基准分类。这样，学生就有四种类型。

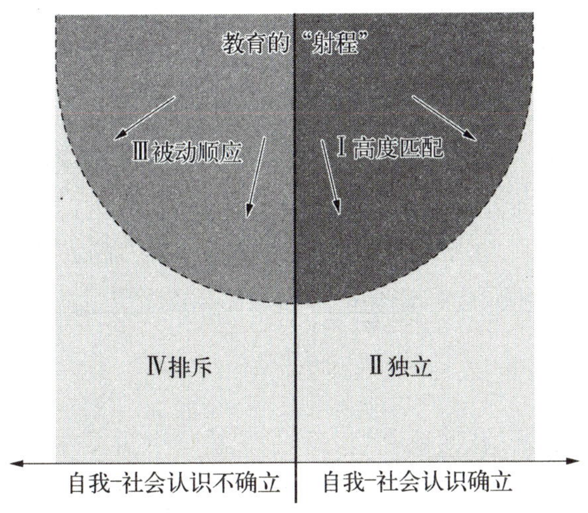

图 0－1　大学教育的"射程"与学生

① 本书在执笔过程中所参照的有关大学生教育的各种调查结果列举在书后。在以下的文章中，使用该表所示简称。

（一）高度匹配型

第一种学生的类型是“高度匹配型”（见图右上方）。此类学生很自信，而且对将来的展望十分明确。同时，大学施教方的意图与学生将来的展望保持一致。比如说，希望将来成为学者的学生在研究型大学中求学，或者说那些对将来的职业有着明确意向的学生接受着目的是为该职业做准备的教育，等等。这样的学生最能够回应教师的意图，教师们在上课时也最容易被这些学生的要求和反应所影响。教育体制在整体上也会自然而然地为进一步满足这样的学生的需要而发生变化。这一类型的学生对于大学教育的满意度也极高。①

（二）独立型

第二类是“独立型”又称为“有限认同型”（见图右下方）。这种类型所指的是，虽然学生的自我和社会认识的确立程度很高，但由此所形成的“准备”与大学教育的意图却未必一致。对于将来希望在企业工作并成为所谓公司职员的学生来说，大学只不过是人生的一个关口，毕业以后的努力才被认为是实现自我的手段。在企业工作和实际生活中，大学里所学到的专业知识并不能直接运用，因此他们对学习并未投入太多的精力，而将时间主要用于兴趣小组活动、志愿者活动和打工等等。或者说，他们认为保证有充裕的时间去用自己的方式树立自我，才是大学时代的意义所在。

由于日本企业对学生的专业知识并不作任何期待，这样的学生反而被各企业积极地招收进去。大学教育虽然并不能应对某些特定的目标，但却可以说是与过去的典型的大学观相对应的，也就是说，在个人人生历程的一个站点上，它作为一种并非无用的“游戏”而被正当化。属于这种类型的学生与其说是对大学抱有明确的不满，还不如说是漠不关心。②

（三）被动顺应型

第三种类型是“被动顺应型”又叫“接受型”（见图左上方）。这类学

① 在东京大学学生调查中发现，法学院参加司法考试或公务员考试的学生，理工科学院希望攻读研究生的学生之中，给予课程较高评价的学生数量在统计学上具有很高的显著性。（东大调查，p. 54）

② “学生中发生了两极分化，一部分学生简单地认为大学是以就业为目的的经过点……一部分学生以成为专业领域的研究者为目标期望能够留在大学里。……而且，在这种状态下，‘谁都不会感到为难’是实际情况。”（东大调查，p. 209）

生的自我认识和对将来的展望未必清晰，因此他们并不清楚大学教育的目标，但正因为不清楚，所以他们对大学教育抱有期待，并主动地按其要求去做。从更加积极的角度来看，就是希望通过进入大学教育的“射程”，来完成对自我的确认和对将来的展望。

这样的学生对大学来说，从表面上看很顺从，但这并不表示大学教育满足了学生的期待。虽然学生无法明确自己的要求所在，因而无法提出具体的要求，但是如果大学不能满足他们的期待的话，他们反而有可能会变得非常具有批判性。这种意义上的不满是很多的。

（四）排斥型

第四种类型是“排斥型”或叫“疏远型”（见图左下方）。这类学生的自我和社会认识尚未确立，而且与大学教育的意图之间的符合程度也较低。因此，他们对上课并无兴趣。虽然他们中的一些人会通过兴趣小组活动和校外活动来逃避大学教育，但也有很多学生即使在上述活动中也无法找到自己的位置。大学校方也尝试采取各种措施尽量接受各种各样的学生，但这只是表面上的接受，其实并未做到主体上的参加。因为这样的学生在大学中的存在感很少，所以有可能大学校方原本就未能正确地把握其实际状况。[①]

上图仅是概念性层面的表述，两根轴的区分也是相对的，因此各类型中实际上到底有多少学生归入是很难在量上进行推算的。但是，看一下过去以大学生为对象所进行的各种调查的结果，就能发现上述高度匹配型的学生所占的比例并不高。比如说，以东京大学四年级学生为对象进行的调查显示，这类学生的比例连三成都不足。[②] 另一方面，属于第三类的被动顺应型和第四类的排斥型的学生为数不少，而且正在稳步递增。特别是考虑到排斥型的学生很不愿意接受通常的学生调查这一情况，我们可以就此认为这类学生大概占了相当大的比例。

不管怎样，如果以该图作为依据的话，大学拥有较强的教育力量就

---

① “除去在专业领域的讨论课上学到的东西，在学校里几乎什么都没学到。我在去年春天未能确定工作单位，原因当然自己这儿也有，但我认为在学校没能进行有意义的学习也是原因之一。”（东大调查，p. 51）

② 以东京大学学生调查为例，在“对自己来说有意义的课程”占四成以上，“没意义的课程”不到三成的人群中，高度匹配型的学生只占21%。另一方面，在前者的回答不到三成，后者的回答占四成以上的人群中，排斥型的学生达34%。（东大调查，p. 47）

意味着，一方面向高认同的学生施加着深远影响，另一方面进入其“射程”之内的学生也有相对较大的规模。

在此需要留意的是，对大学教育的“满意度”与大学教育的影响（教育力量）未必具有一致性。在满意度方面，最高的是高度匹配型的学生，但在对现状没有不满这一层意义上，也可以说独立型的学生满意度很高。与此相对，被动顺应型学生对大学的期待越高，对现状的不满就越发强烈。此外，在所受的影响方面，高认同的学生所受的影响同样是最大的，大学教育对独立型的学生施加的影响并不大。但同时我们也必须认识到满意度不过是测量教育力量的一个指标而已。①

现代大学教育之所以被要求进行变革，是基于以下两个原因：一方面，在知识社会化和全球化过程中，需要向占据大学教育核心地位的高度匹配型学生提供更高质量的教育；另一方面，以往教育体系中的作为所谓“游戏”部分而被接受下来的独立型学生，现在明确被要求纳入大学教育的“射程”范围内。

而且，位于图中的纵轴左侧的学生，也就是说自我和社会认识度较低的学生正在增多。如果不对大学教育的“射程”自身进行改变的话，被动顺应型或排斥型的学生就必然会增多。

在这种状况下，大学教育面临着双重的课题。一方面要改变“射程”，将过去未在其“射程”范围的学生纳入“射程”之中，另一方面还要向本来就在“射程”之内的学生施加更加强大的影响。

第二节　作为成长环境的大学

如上所述，大学的教育力量在很大程度上是由学生对大学教育所持的“态度”决定的。从这一观点来看，在个体学生的成长阶段中，大学教育如何定位十分重要。那么，这种“态度”是如何构成的呢？

一、影响“态度”的要因——学力、社会认识和自我认识

首先，可以将决定学生“态度”的要因归纳成三个层次。

---

① 根据贝内塞（日本著名的人力资源培训机构——译者）的调查，从1997年至2001年，大学生对大学的一般满意度没有发生变化，但在2004年有一定的上升（p. 78）。虽然在抽样标本的一贯性中存在问题，未必能从中得出结论，但这一结果也反映出大学越来越考虑学生情况的倾向。

第一是学力。学力是指到高中为止的学校教育中形成的基本课程上的学力，和与之相伴的文章读写能力和论理能力，以及课堂笔记的写法，与他人交流的能力等等。学力是成为学习基础的基本技术，理所当然就成为接受大学教育的基础。更进一步来说，入学后所获得的专业基础和专业领域的知识和理解，对将来更加深入的学习起决定性作用。

第二是社会状况，以及对于置身其中的自己所起作用的认识的深度和安定性。在此，我们将其称作“社会认识”。学生从亲属、到高中为止的学习生活、周围的朋友等等方面，获得了一定的有关具体社会中人与人之间的具体联系形式的知识，形成了有关自己在这其中能够发挥的作用，或希望发挥的作用的大致印象。这就成为形成大学学习“态度”的重要因素，进而使社会认识发生变化和深化。

第三是关于自己是什么样的人，自己拥有什么样的能力的认识。在此，我们将其称作“自我认识”。显然，自我认识是在成长过程中，有意识或无意识地形成的，是个性中最基础的部分。但是，与此同时，它也是作用于周围事物的基础，并通过与周围事物的接触不断发生变化的东西。

以上的三个层面相互之间存在着有机的关联。这并不是仅限于无意识的相关。对于成人来说，这三个层面必须通过各人的“定义体系”来有意识地结合在一起。如果这三个层次各自的成熟度较高，而且互相之间在逻辑上的一贯性较好的话，我们就称之为“自我一贯性”较高状态。

过去实施的几次大学生调查的结果显示，这种意义上的自我一贯性，或者说作为其构成要素的学力、自我认识和社会认识越深越强，对大学教育的满意度或者从大学教育中所受的影响就越高这一倾向一直存在着。① 可以认为，这一结果充分表明自我一贯性的状态是产生求知欲的基础。

但是，这些调查结果并未显示学力高或者说选拔性高的大学的学生必定受到大学更多的影响。诚然，根据各种调查，选拔性高的大学的学生对大学教育抱有较多的不满，但同时他们对大学里的经历给予肯定评价的倾向也较强。② 这不仅是因为他们在构成大学教育基础的学力、或

---

① 贝内塞调查用学生的“自我确立度”和“社会性确立度”这两根轴，将学生分成“达成型”（两者都高）、“社会型”（仅社会性确立度高）、“自我型”（仅自我确立度高）、“途中型”（两者都低）等四种类型。达成型的学生对大学的满意度较高，其次是社会型，途中型一直是最低的（p. 11）。另外，广岛调查详细地询问了基于自我评价的个性因素，并将其还原成三个要素，通过分析与大学教育的收获、充实度、满意度的关系发现，从统计学上看两者之间存在着显著的关联。特别是，人格的安定性、信赖性越高，满意度就越高（p. 51）。

② 根据广岛调查的结果，一般来说越是入学难度低的大学，在教育上对学生的照顾就越会受到较高的评价。但是，在四年级学生的大学教育效果、对大学的满意度方面，越是入学难度高的大学就越高（p. 50）。同样的倾向在贝内塞调查的结果中也能看到（p. 87）。武内调查也显示，一般来说，传统大学的学生中，在入学时和入学后满意度高的学生明显比较多（武内调查③，p. 60）。

者说学习方法等方面，较适应大学中的学习，也反映出在选拔中的胜出增强了他们的自信，坚定了他们的自我认识。但是，具有较高的学力，自我和社会认识却并未确立的学生也不少。甚至可以发现，由于选拔性较高的大学倾向于将教育的焦点集中在对学术性内容感兴趣的学生身上，由此有很多学生会产生很强的孤独感。

此外，前面所提到的自我一贯性及其构成要素并不应被视作固定不变的。实际上，大学生正处在 20 岁左右这一人生的重要转折点上，发展变化剧烈。认识这一点是非常重要的。

在进入大学前的少年期，孩子们需要掌握以课程形式固定下来的、以适合其成长的方式编成的知识。而且，在这一时期，他们被置于家庭及包围在其周围的社会上的文化权威和社会权威等各种意义上权威的控制之下，并在这种情况下被赋予解释周围的事物和诠释其含义的方向。另一方面，在完成大学教育，踏上工作岗位的阶段，个人在拥有其职业所需的知识，并为将来打下使其更进一步发展的基础的同时，也接受了自己在社会中的职责，并理解了这一职责对自己所具有的意义。这两个阶段之间所需的转换，必须在接受大学教育期间进行。

从这一意义上说，上述的大学生的类型也并非是固定不变的。实际上，学生在这期间如何变化才是真正重要的。如果将转换的情况及其所需的过程大致区分一下的话，可以设定为两个类型。

二、阶段转换的两个类型

1. 确定选择型

第一个类型是指，学生在大学入学前的阶段，已经对大学毕业后的人生道路有了一定的预见，与此相应，选择大学的专业。同时，他们比较自信地认为只要朝着这个对将来的预见积极努力就能达到目标，而且他们也将此看作对自己有意义的事情。作为其基础，前文所说的三个层面之间存在着很强的自我一贯性。

对于这一类型的学生来说，作为其成长环境的大学所被要求的，是建立一个从入学前形成的意义体系出发达到飞跃的环境。至于既成的文化和秩序，要从更客观的视角来维护，进而为了形成新的事物，就必须暂时批判性地从中脱离出来，运用自己的力量重新掌握社会的意义体系，确立自己在其中的位置。对于这样的学生来说，成长的中心就是自律的“探求”的过程。

为了帮助这一意义上的成长，成长的环境就必须与过去的环境具有非连续性。能够促进这些学生成长的，并不是与成长相适应的知识体系，而是需要通过接触与社会、自然及人类的现实对峙而产生的包含着紧张感的知识。而且，通过用自己的力量去探求和解决所产生的疑问，能够创造具有更深意义的体系。正是在这里，从社会规制中解放出来的、暂时躲避了直接义务的、所谓“延期成长”的积极意义才能被发现。

从历史上看，这是精英阶段的高等教育所设想的大学生形象。在欧洲各国和二战前的日本，到升入大学为止，学生必须经历非常严格的选拔和选择的过程。另一方面，在升入大学所需的费用和学力方面，存在着很高的屏障，而且周围有过大学学习经历的人不多，因此学生就不得不仔细考虑升学能带来多少好处。也就是说，要求对升学赋予一定的意义。

此外，因为升学时的选择还将决定未来的职业生活和个人生活，所以这一选择被赋予了重大的意义。二战后，虽然由身份所造成的障碍变少了，但是正因为如此，在工业化社会中少年期结束时的选择压力反而非常大。

在日本，因为大学入学考试的成绩被当成了唯一的尺度，所以这种考试带来的压力特别大。实际上，我们可以说，入学考试发挥着现代的通过仪式(passage ritual)的作用。但是，这一难关的影响力正在减弱。正如在后文中将要提到的那样，在18岁人口减少的背景下，通过所谓的入学考试进入大学的学生现在只不过占了大学生总数的约六成而已。

2. 暂定选择型

与“确定选择型”相对，在此将第二种类型称作“暂定选择型”。这一类型是指，学生在入学时就前面所说的学力、社会认识和自我认识中的某一项存在问题，或者三者之间在意义赋予上未形成一贯性。也就是说，学生在对大学教育的意义未必具有明确定位的情况下，作为暂定的选择进入了大学学习。高等教育的大众化和普及化所带来的大学入学机会的扩大使升学选择的意义赋予变得模糊不清，结果大学校园里这类学生迅速增多。

对于这类学生来说，他们对大学教育所传递和形成的知识、能力对自己的将来所具有的意义并不明确。由于他们并不主动地参加学习活动，他们在教育中所受的影响也就不会很大。但是，对于这类学生来说，在规定年限内从大学里毕业也是十分重要的，因此有可能在修学分和毕业准备这些方面他们也颇为勤奋。

选择这种成长过程的学生在大学学习期间，就必须同时完成两个课题。

即在完成作为暂定选择的结果而被要求的学习任务的同时，需要亲自对暂定选择本身的意义重新进行确认。由此就产生了巨大的心理压力和心理负担。虽然在经历这一过程后，有可能会对暂定选择的意义进行再确认，重新赋予新的意义，但也很有可能无法做到再确认和修正。

而且，这一类学生中的大多数未必清楚地觉察到自己缺乏一贯性。如果这一点在三、四年级学生的求职活动中显现出来的话，他们就有可能会一直追溯到自我认识，致使过去形成的暂定一贯性发生崩溃。或者是，这一矛盾可能在就业以后显现出来。

属于这种暂定选择型的学生正在逐渐增多。对于大学来说，问题就在于如何给予学生成长的契机，如何实现知识的扩大和自我-社会认识的深化及安定化。因此，为了避免学生的违规，就得更加“亲切”地去构建更强有力的教育环境。但是，如果从更长远的角度来看的话，正是学生积极主动地“参加”大学教育的行动，在保证着促进成长这一结果。问题在于，大学教育如何才能促使这类学生积极主动地参与进来。

第三节　大学教育的构造与“射程”

那么，大学教育的“射程”实际上是被怎样构建的呢？此外，变化的必要性和可能性在哪里？笔者希望从大学教育的目的和方法出发，对此进行一番简单的整理。

一、大学教育的目的

首先，基本问题是大学教育的目的应如何定位。这并不只是表现在大学如何抽象地表达其自身的理念这一点上。大学制度如何规定大学的目的？企业对大学教育作何期待？家庭以及学生自身对大学教育作何期待？包括上述问题在内，在大学教育的功能上存在着哪些共同认识？这是我们需要回答的问题。

第一种观念认为，大学教育的首要目的和理念应该是为进入特定的专门职业做准备。比如说，医学院提供医师培养的训练课程，法学院的第一目标是培养法律专家，工学院则以培养工程师为己任。而且，毫无疑问，新的专门职业的种类也在不断增加。

但是，除去医学院等毕业资格直接与职业资格挂钩的少数专业之外，事实上直接从事大学教育目的所明示职业的学生很少，而且与特定职业并无直接联系的专业领域也为数不少。

在更多的专业领域里，学士课程的教育将传达各专业领域中自我目的式地发展起来的学术知识作为其内容。除了少数成为研究者和教师的学生之外，大多数学生将来并不直接运用所学到的专业知识。例如，文学院和理学院里的专业教育就是很好的例子。此外，即使是那些通常被认为与一定广度的职业相关联的领域，实际上所接受的教育内容在很多场合并不能直接获得应用。比如说，从法学院或经济学院毕业成为普通的公司职员后，直接运用学校里所学到的法律学或经济学知识的时候很少。又如，从工学院毕业后即使成为工程师，学科教育中获得的细碎的专业知识也并不被看重。其实，被寄予厚望的是，通过获取专业知识这一过程从而领会各专业领域的基本思维方法，并由此掌握职业和未来生活中的基本思维方法。我们将这第二个目的的设定方法称作(学术)专业取向。

第三种观点认为，大学教育的目的是获得作为成人所必需的一般知识和思维方式。美国的“博雅教育”(liberal arts)型大学并不局限于特定的职业准备或专业知识的获取，而是以让学生广泛地接触到各种知识，培养开阔的视野和思维方式为目标。如果说高等教育必须是对全体国民开放的“高等普通教育”(馆，1993)的话，大学教育就必须至少在进行职业专门教育的同时，加入这些要素。日本的大学将其作为“一般教育”吸收进来。包括博雅教育、一般教育等，我们将其称作“教养取向”。

上述大学教育目的设定中的职业准备、学术专业、教养这三种取向未必是相互矛盾的。但是，尽管如此，将重点置于何处，是决定大学教育焦点和“射程”时的一个重要选择。

二、大学教育的方法

接下来，对作为构成具体教育方法三要素的教育组织-学习框架、教育形态-授课样态、学习目标进行具体分析。

（一）教育组织-学习框架：纵向分割取向对综合取向

第一条基轴是用怎样的组织和体制对学生进行教育这一点。大学如何选拔和招收学生？将其编入何种组织？安排怎样的课程？对其学习作何要求？从学生的角度来看，这些要求构成了推进大学中学习的一个框架，即所谓的“学习框架”。

在基轴的一极上，呈现出以下这种状态。即在入学阶段就将学生编入划分细致的各个专业，此后设定各专业到毕业为止所应掌握的知识内容，让学生在学习期间朝着这一目标分阶段学习各门课程。在欧洲的大学中，上述倾向特别明显。在日本的大学中，除了社会科学领域之外，在入学时对专业进行更细致的分类，分别招收十人左右的少量学生的大学也不在少数。

如果采取这种形态的话，因为能够根据一定的目的对学习进行设计，所以在掌握高水准的知识方面，具有很高的效率。而且，由于教育组织是按教师在学术上的专业领域构成的，所以教师组织和学生组织相互重合，教师与学生的接触也较频繁。我们将这样的想法称作“纵向分割取向”。

与此相对，因为多数学生在入学时并没有具体的志愿，所以也有观点认为不应该严格限定学习的范围。而且，许多人认为不应该局限于特定的专业领域，那些开阔学生视野的教育是十分重要的。

按照这种想法，在入学时不应该将学生限制于特定的专业，让学生慢慢地去选择特定专业的做法更为理想。比如说，大多数美国大学在入学阶段仅将学生大致分为文科和理科，常常是在入学两三年后再决定专业(major)。我们将以这种想法为基础成立的教育组织或学习框架称作“综合取向”。

（二）教育形态-授课样态：自律取向对控制取向

第二条基轴是指教育实际上如何进行，即教育的具体状况。特别重要的是授课样态(practice)。例如，一堂课的学生数、讲课的方式、授课的频度、考试和小论文等等。构成一门课的各个要素具有怎样的特征？它们是如何被组合在一起的？这些都最终影响着大学的教育力量。从这样的视点来看，授课的样态中存在两大类型。

首先，大学生已经是成人了，因此当然应该拥有主动学习的态度，而且有人认为对这种态度的培养就是大学教育。果真如此的话，实施教育的一方的作用就在于向学生提供自主学习的契机。良好的教育是指能够根据最新的研究成果向学生提供知识刺激的好的课程。学生只有在这些课程的启发下进行自主学习，才能够获得良好的知识、人格与能力。学习成果可以通过结业考试来确认。我们将其称作“自律取向”。

与此相对，如果将学生看作是成长过程中尚未完成的作品的话，大学就应该采取向学生积极“灌输”教育内容的态度。从这一观点来看，为了切实地实现课程的意图，使学生掌握教育内容，就不应该只进行单向型的授课，而必须干预学生的学习过程，对其进行长期的控制。为此，就设计出了对学生的学习过程起辅助和监督作用的小论文、严格的成绩评价等一整套的方法和手段。我们将这样的想法和使其实现的方法、手段称作“控制取向”。

（三）学习的目标：探究取向对掌握取向

第三个要素是指学习目标如何定位。

大学教育与中小学教育的不同之处在于，学生所学的并不是那些为了便于学习而被系统化了的知识，而是和那些直接与自然、社会、人的状态相对峙的学问打交道的方法。因此，有一种观点认为，大学教育并不是要教授那些已经知道了答案的问题的解答方法，而是有必要针对未知的问题，开阔视野，使学生领会探究问题的态度。我们将其称作“探究取向”。

但是，另一方面，虽然作为抽象概念的探究客观存在，但对学生来说却很难成为其自身的学习目标。从这种观点来看，尤其是在各门课程，必须明确设定通过授课所应达到的目标。如果认为与零碎的知识相比，思考方法更为重要的话，只要说明掌握思考方法所需的各种条件就行了。我们将其称作“掌握取向”。

三、规定大学教育“射程”的要素

如果将以上三根轴组合在一起的话（表 0－1），轴 1、轴 2、轴 3 的各个两极之间，在理论上就可能会有各种组合。但是，从根本上来说，轴 1 的纵向分割取向（1a）、轴 2 的自律取向（2a）、轴 3 的探究取向（3a）的组合是一个基本类型。我们称之为 A 类型。另一方面，综合取向（1b）、控制取向(2b)、掌握趋向(3b)的组合组成了另一个基本类型。我们称之为B类型。

表0-1 大学教育方法的基本类型

	A	B
1. 教育组织-学习框架	a. 纵向分割	b. 综合
2. 教育形态-授课样态	a. 自律	b. 控制
3. 学习目标	a. 探究	b. 掌握

非常粗略地进行分类的话,A类型与欧洲的高等教育相对应,B类型则对应于美国的高等教育。日本的高等教育基本上属于A类型,但有些地方也具备了B类型的特征。

近代大学通过有组织地进行教育和研究来发挥其功能。从这一观点来看,A类型大学教育的特征就是与研究功能具有最强的亲和性。

后面要讲的高等教育的“洪堡精神”(见第一章第四节)就是作为以上述形式将研究和教育结合在一起的理念(ideology)积极地发挥着作用。

与此相对,属于B类型的美国的大学教育原来基本上不具备研究功能,19世纪A类型的近代大学出现以后,逐渐受其影响进行了重组。在这一过程中,为了将研究要求与教育要求结合起来,开发和发展了多种多样的“方法”和“工具”。事实上,这些工具决定了大学教育的实际“射程”,成为提高教育力量的重要因素。

日本的大学在上述的各轴上拥有自己的位置,这决定了日本大学教育的“射程”的特征。现在,在新的社会要求和环境之中,如何战略性地设定大学教育的“射程”?为此大学教育要转移到怎样的位置?与此同时,为了实现这些改革,需要发展怎样的工具?这些问题都需要深思。当然,位置的选择因大学而异,这就造就了具体大学的“个性”。

第四节 本书的构成

根据上述视点,本书将分三部分按以下顺序展开分析。

第一部分的第一章到第三章主要探讨大学教育到目前为止的演进

及其与当前所面临的问题之间的关联。在第一章中，回顾了中世纪以来约七百年的历史中大学教育的发展历程，揭示了作为近代大学中三大传统的职业教育、教养、学术专业这三种潮流。在第二章中，从上述教育方法中的A类型和B类型的视点出发，说明美国大学教育的构造和特色的形成。然后，作为对比，在第三章中总结日本高等教育的特征。

第二部分的第四至第七章主要思考现代大学教育所面临的改革课题。第四章分析大学教育为何被要求作出改变和被要求作出怎样的改变。在第五章中，从与职业、能力、教养教育的意义之间的关系着眼，论述大学教育的目的。第六章考察大学中的教育和学生的学习被要求在哪些地方进行改革。随后，在第七章中探讨为了推进这些改革而对大学所提出的要求。

第三部分(第八章)在第一部分和第二部分基础上集中分析本科阶段教育的现状、问题与对策。①

最后，作为一位对中国高等教育感兴趣的研究者，我想从一个外部观察者的立场出发，谈一谈自己对近年中国高等教育发展变化的粗略印象。

---

① 第三部分(第八章)是作者专门为本书中文版而撰写的一部分。——译者注

第一章　大学教育的源流和嬗变

15 世纪波洛尼亚的教室

规定大学教育“射程”的大学理念、组织和教育方法是建立在中世纪以来的大学传统之上的，因此，对历史进行回顾是思考现代大学各种问题的重要基础。本章将对人类文明发展过程中大学的渊源和中世纪时代大学的成立，以及近代大学教育的三个源流（专业人士的培养、博雅教育和学术性专业）及其各自的问题点进行整理。①

第一节　大学的成立

一、历史上人类社会对大学的期待

作为提供高水平教育的场所，高等教育机构的渊源可以上溯到公元前 5 世纪。在雅典，苏格拉底的弟子柏拉图在雅典近郊的阿加蒂美亚建立学校，对许多年轻人实施教育。几乎在同一时期，中国春秋时代的孔子在鲁国的曲阜对弟子们实施教育。在这最原始的教育形态之中，大学教育的基本起因就直接显露出来了。也就是说，教师与学生的对话构成了教育过程的根本基础。

对于苏格拉底来说，对话才是教育，这无疑就是他本人所坚持的人生哲学。《论语》被看作是记录孔子教育内容的著作，但其中的很多内容由孔子和他的弟子之间的对话构成。这也再次说明，受教育者的参与是高质量高等教育存在的必要条件。

但是，这些教育组织形式并不是我们所说的“大学”。大学作为高等教育的一个具体形态，其原型是在中世纪的欧洲完全成型的。这里所说的大学来自有志于探索学问的人们聚集在一起形成的自律性组织（自治团体、行会）。大学之所以会这样成立，原因不外乎社会需求的存在。作为其产生的社会背景，随着社会生产力的提高，社会财富逐渐充裕，拥有了支持那些不具有直接价值的社会活动的能力，我们尤其可以将其产生的原因解释为三个方面的社会需求。

第一，高度专业人士的培养。在 12、13 世纪的欧洲，以罗马教皇为至高点的天主教会和各地区世俗国家这两种权力并存于世，这两者都需要支撑其官僚组织的人才。前者需要的人才要具备神学的素养，后者需要的人才要具备法学的素养。另外，在意大利北部，贵族阶级大都是大

---

① 本章分析主要依据以下文献：罗什道尔（1966—1968）、横尾壮英（1999）、罗斯布拉特（1999）。

土地所有者，因此罗马法的知识对于保护他们的财产来说非常必要。而且，对于具备一定条件的医生的需求也在不断增加。在这样的背景之下，社会对法学、神学、医学这三个领域的人才有很大的需求。

第二，随着过去利用武力攫取权力而形成的贵族阶级逐渐在教会或世俗国家占有较高地位，拥有人格上的感性和知识，即教养就成为必不可少的了。

第三，当时对知识本身的需求也在扩大。这反映在该时代新的文化活动的大量扩大之中。

二、组织文化与课程

作为一种组织，大学的特征在于它是教师或学生的自律性自治团体（即行会）。英语“university”的词源“universitas”一词并非像一般人们所说的那样表示综合性，而是作为“行会”的同义词被使用。

大学作为行会，肩负着在社会上保护教师和学生的责任，同时通过在同一框架中进行不同专业领域的教育活动来充分发挥组织的效率，进而生成组织文化，促进新知识的形成。作为新知识的生产和传递机制，大学很好地满足了社会文化的需求，该模式其后的迅速普及清楚地证明了这一点。

依托这样的组织，大学终于完成了作为学生学习内容基本框架的课程（curriculum）。大学中所学习的内容可以大致分成两类。

第一类是前面所说的法学、神学、医学这三个领域。这些科目一般是在高年级学习的，学生通常在其中选修一门。在中世纪欧洲的各大学中，并不一定都要教授这三门专业科目，在有些大学其中的某一门科目特别有名。但是，拥有至少一门这样的科目是成为大学的必需条件。

第二类是构成第一类的基础的，被称为“博雅教育”（artes liberales）的各科目，具体由“自由七科”（septem artes liberales）组成。自由七科进一步可以分为语言三科（语法、修辞学、辩证法）和数学四科（算术、音乐、几何、天文学）。

教学主要以讲授的形式进行。学生每参与一次课程，都要支付听课费（集资费），这是教师的主要收入来源。

在国民国家尚未发展起来的欧洲，因为很少有现在的国境那样的制约，所以学生们能够选择离出生地较远的大学，并自由往来移动。普拉尔（1988）认为，中世纪的大学并不是朝着培养专业人士这一目的有条不紊地运作的社会组织，知识活动本身吸引了很多人。

三、从中世纪到现代

作为回应社会文化要求的一个社会装置，创建于12、13世纪的中世纪欧洲的大学在其后迅速扩展到全欧洲。但是，16世纪以后整个欧洲陷入了经济停滞和社会动荡之中，大学的发展随之也出现了停滞。在这一时期，独有英国的大学取得了发展。关于这一点，我们将在后文中详细说明。

17、18世纪的欧洲社会再次趋于稳定，以此为背景各种文化活动逐渐活跃起来。近代自然科学的萌芽就在这里出现了。但是，由于大学受到了行会似的组织框架和各种规定，以及由此而带来的习俗的限制，该时期文化的发展主要是在各国国王以保护著名学者为目的建立的学士院（academy）中展开的。另一方面，社会对人才的需求本身并未发生变化，在数量上也停滞不前。

要想改变这一状况，社会就必须进行重大的变革。起到这种作用的是自18世纪末到19世纪初的"近代国家"的建立。

四、大学教育的三个源流

从18世纪末的法国革命（1789）到19世纪初为止，欧洲的旧体制被打破了，近代国民国家形成了。近代国家的课题在于对整个社会形成更广泛的统制，过去以独立于国家的行会形式存在着的大学也不例外。近代国家首先通过破坏大学，或者说夺取大学，来建立近代的教育体系。

同时，18世纪以后，近代自然科学、社会科学（大多在大学之外）蓬勃兴起。在这样的源流之中，大学的教育功能中出现了三个源流——专业人士的培养、博雅教育、学术性的真理探究（洪堡精神）（图1-1）。

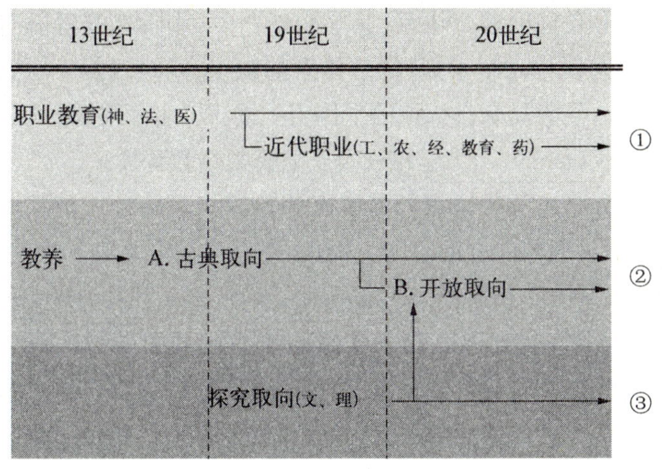

图 1－1　大学教育的历史源流

第二节　专业人士的培养及其枯燥性

一、国民教育与官僚培养

近代大学中教育的第一个源流是以培养专业人士为目的的教育。正如前面所说的那样，在中世纪的大学中，以培养神职人员（教会官僚）为目的的神学、以培养官僚和法律学家为目的的法学，以及以培养医生为目的的医学，这三者成为大学教育的主要功能。但是，从 17、18 世纪开始，社会经济已经开始添加新的功能了。随着近代国家的诞生，在传统的高度专业人士之外，工学和农学等领域的专业人士最初作为官僚，随后作为隶属于私营企业的专业人士，为社会所需要，其培养就成为大学以及其他高等教育机关的重要功能之一。进而上述职业的范围也扩大了。

近代国家的逻辑被最明显地运用于大学管理之中的是在法国。法国革命首先是从彻底破坏旧有大学制度开始的。这是因为，大学首先是与旧体制中的王权以及天主教的权力合为一体的，同时也是甲壳般地维护着旧体制中原有社会权力的行会之一。另一方面，正如孔多塞的教育改革构想中所能看到的那样，法国革命绘制出了一个庞大的国民教育体系。最后，经过各种迂回曲折的过程由拿破仑将其具体实现了。其结果是，法国的教育体系事实上由两个部分组成。

第一部分是国民教育体系，其中包括小学、中学和高等教育。在这一体系中，“大学”(université)位于体系的顶点，同时也是表示整个教育体系的词汇。作为具有自律性的个体组织的大学并不存在，实际存在着的是各个学院(facuité)，大学校长负责监督整个教育体系。

第二部分是担负着国家职能的官僚培养机关。近代国家同时也是军事国家，工兵学校占有重要的位置，这些学校实施普通工学教育，后发展成为理工学校(école polytechnique)。而且，人文社会科学中的高度教育，也由作为中等教育机关和大学教师培养机关的高等师范学校来实施。由于近代国家还担负着发展新产业和新技术的任务，所以这些学校由政府中负责各项业务的部门管理，学生接受政府的补助。毕业生还成为支撑起民营企业的人才。此外，这些学校同时也是选拔少数精英的机关。

前文中已经说过，在旧体制下，学士院主要承担研究机能。考虑到这一点，我们可以认为，法国的高等教育中，研究机构、普通高等教育机构、专门职业教育彼此分离，而且职业教育机构按专业区分是其较为明显的特征。这是为了使近代产业的分工原理与井然有序的教育体系相对应。这种形态的教育体系其后被俄罗斯，进一步又被后来的各社会主义国家所接受。

二、法国职业技术学院模型的影响

这种专业人员教育，特别是工业领域的职业技术学院模型对其他各国产生了重大的影响。在美国，19世纪前半期朗塞勒工业学院(Ranseller Polytechnic Institute)成立，1856年麻省理工学院(Massachusetts Institute of Technology)成立，综合技术学院的英译名 institute of technology 一词固定下来了。另外，在德国等地，设立了不同于综合大学的工科大学。此后，随着工业化的发展，作为短期高等职业教育机关，英国的综合技术学院和德国的专科大学(fachhochschulen)①等纷纷出现了。

专门职业教育机关的教育内容当然是非常专业性的，并且与实践密切结合在一起。其能够存在的前提条件之一，是法国的中等教育机关中已经实施了基础性的教育，同时在对学生的知识掌握程度严格测验的基

① 相当于我国的一些工科院校，最初仅仅从事职业技术教育，不被认可为大学(university)。——译者注

础上才允许其入学。这些专门职业教育机关制定了基于专门职业逻辑系统的课程，根据课程严格地进行测验，并以此为基础对学生的升级和毕业作出许可。然后，这种训练的经历通过职业-毕业资格来加以证明。另一方面，对学生设定了应掌握的非常明确的一整套知识，与此同时，能够坚持下来就被认为是表现出了专业人员应该具有的高度能力。

这种职业教育的方式，在培养实践性专业人士方面是一种非常高效的形态，但由于具有强迫学生机械性地掌握知识的一面，因此也阻碍了学生自主进行知识探究，显得十分枯燥乏味。由此产生了有关大学教育名不副实的批判。德国大学将中世纪以来的医学、药学、神学看作例外，直到20世纪初都拒绝将近代的职业教育导入大学，这一点非常清楚地说明了上述事实。

第三节　“博雅教育”的多义性及其误解

一、探究取向与古典取向

大学教育的第二个源流，从某种意义上也可以说是拥有最古老的起源的源流，就是博雅教育。但是，我们也必须注意到，博雅教育同时也是具有多种含义和经常被误解的词汇。

博雅教育的源流可以上溯到公元前的希腊，特别是雅典。当地的自由市民阶级(liberal)所必需的知识技能(artes)就是博雅教育一词的最初定义。这一传统其后经历了罗马时代，为中世纪的欧洲所继承。包括前面所说的语言三科(语法、修辞学、辩证法)以及数学四科(算术、音乐、几何、天文学)的自由七科的确立是在公元5世纪。这种教育后来成为12世纪大学的教育内容。

中世纪大学中的自由七科具有三个含义。一是进入法学、神学、医学这些专门职业教育之前的准备教育。第二，其具体内容包含有历史和自然科学的萌芽，提供非常广泛的领域的知识。第三是作为富裕阶级的教养的意思。总而言之，其内容是多样的。

概观博雅教育的历史，美国高等教育史的专家基姆伯尔(Kimball，1995)认为，博雅教育源于希腊，流传至今日，存在着两个不同的流派。

其中之一是探究取向[基姆伯尔将其称为“哲学家”(philosopher)取向]。从苏格拉底和柏拉图开始的这一传统，彻底地怀疑既有的知识，认为通过验证来逐步接近真理才是学问的精髓，而且这也是引导青年向善的唯一方法。

与此相对的是古典取向[基姆伯尔将其称为“雄辩家”(orator)传统]。从伊索(436B.C.—338B.C.)开始的这一传统认为只有古典才是立足于世上的真理，探究取向只不过使人们的思考发生混乱而已。通过学习古典，学生们不但掌握了知识分子之间相互交流所需要的知识和思维方式，而且还能够获得作为民主主义社会的领袖向人们发出呼吁的能力。在这一层意义上，博雅教育正是精英的学问。

二、博雅教育的历史发展

虽然上述这两个传统未必相互排斥，但从长期看来其相对影响力的大小是有变化的。从实际的教育内容来看，罗马帝国成立以后成为主流的是古典取向，在其后的欧洲大学中这一倾向一直延续着。但是，12 世纪以后，探究取向再次力量壮大，成为建立在知识活力之上的大学蓬勃发展的基础。但是，以此后的宗教改革为契机，古典取向再次成为主流。

在这样的变化过程中，古典取向的博雅教育获得了独自发展的是英国的大学。牛津、剑桥这两所大学于 13 世纪创建，此后，在英国的社会经济环境中其组织和教育取得了独自的变化。也就是说，本来是学生宿舍的设施利用国王和毕业生的捐款等方式逐渐积累起了自己的财产，一方面配备了完善的设施，另一方面拥有了许多年长的学生和教师，开始具备了教育功能。这就是学院(college)。

此后，大学逐步将教育功能移交给学院，大学整体的教育功能只不过是一部分讲义和学位认证所需的考试。在这种学院的发展背后，是 16 世纪以后商人等与过去的贵族一起形成了富裕阶层，开始将其子弟送入大学。这就形成了对那些原本不必与专门职业训练联系在一起的教育的需求，同时使负担高等教育所需的高额成本成为可能。在具备了上述条件后，学院中的教师(tutor)对学生进行个人指导的教育形式获得了发展。也可以说，作为最初高等教育产生契机的“对话”这种形式复活了。

大学的授课内容中，神学仍保留讲义的形式，法学逐渐转移到大学之外的专门职业机关，医学也转移到了大学之外。学院中所实施的教育内容的中心是自由七科，但这并不是预备教育。例如，修辞学的学习就是讲读西塞罗等人的作品，这是与文学和历史学相关联的东西，而算术、天文学等很有可能与近代的自然科学有联系。学院以这种形式形成了学术空间。

但是，在另一方面，其基本态度是上述的古典取向，自身缺少推动学术发展的力量。也有人指出，学院的自给自足的文化具有导致知识停滞的倾向。

在17、18世纪，伽利略（1564—1642）、牛顿（1642—1727）、洛克（1632—1704）等等，与现代自然、社会科学相联系的知识活动开始了。但不仅几乎所有的这些活动都发生在大学之外，而且大学对吸收这些知识活动表现得很消极。直到进入19世纪，英国的大学才不得不引进这些活动。

在这样的状况之下，如何使古典取向的博雅教育适应近代科学探究的逻辑，就成了问题。可以说，英国、美国的大学19世纪后半期至20世纪的基本课题就是如何回答这一问题。结果，英国和美国的大学以彼此不同的方式推动着其理念、教育组织以及教育实践的变革。①

古典取向和现代的学术探究取向之间存在着十分复杂的关系，这使得对所谓的“博雅教育”的理解变得困难，并产生了很多误解。

第四节 “洪堡精神”及其束缚

一、学术性真理探求的理念

第三个也是向近代大学的形态施加了最大影响的源流，其特征是1810年建立的柏林大学的创始人之一洪堡所提倡的以研究为中心的大学和大学教育的理念。

普鲁士位于当时落后的德意志地区，正在迅速向近代国家转变。普鲁士致力于作为新国家象征的柏林城市的建设，并在柏林设置了柏林大学。在未形成统一国家的德意志，与法国的大革命相比，近代国家的建设才是更为重要的课题。而且，国家必须获得超越那种仅是针对经济上的交易关系进行协调的机器的新内涵。与此相应，德意志观念论哲学在理论上论证了国家必须与作为人和社会的意义体系的“文化”保持一致。

---

① 有关这一点的英美间的详细比较，参见罗斯布拉特（1999）。

在这种意义上，国家必须成为“文化国家”。文化并不是先验性地被赋予的东西，而应该是通过人类的理性探究所形成的东西。大学构成其核心，因此大学被赋予了超过政府机构的职能。同时，学术性的探求必须以其本身为目的。在这里，就产生了柏林大学的“大学自治”和“学术自由”的理念。

作为自我目的的学术探求这一理念，也大大地改变了大学组织自身。正如前文中所说的，自中世纪以来，大学中神学、法学、医学等以职业教育为中心的学院构成顶点，作为其预备课程设有自由七科的教育课程。但是，新出现的人文和自然科学的发展被置于这些预备课程之中。

随着这些领域中的活动的重要性逐渐增加，与原来的三个学院之间的斗争便发生了。这就是康德所说的“各学院之间的斗争”。其结果是，这些纯粹的科学被合并成为“哲学院”，上升至与原来的三个学院平起平坐的地位。以这种方式成立的哲学院后来分化成为“人文学院”和“理学院”。

在以上的议论中，柏林大学的理念的革新性是与研究相关联的，但洪堡、费希德等思想家认为这同时对于大学中的教育的定位来说也具有重要的意义。他们的议论虽然是唯心的和艰涩费解的，但如果将其作为大学中的有关学习过程的议论来总结的话，我们可以归纳出以下这几点。

> 第一，教师首先是研究者，将其身心奉献给真理的探求。这通常是一个知性的、创造性的过程，同时其价值总是通过客观的真伪来判断，因此给予了人们高度的道德性。在这一意义上，教师作为研究者，能够在人格上对学生施加影响。
>
> 第二，在讲课过程中，教师并不是向学生灌输枯燥的知识集合，而是从自己的研究体验出发向学生再现探求真理时所获得的知识层面的兴奋。学生通过体验这些知识刺激来模拟进行积极的知识探求，体会其成果。
>
> 第三，学生本人也作为一个真理的探求者，面对着书籍，与载入其中的知识体系进行“格斗”。这一活动必须是孤独的，由此形成思考和理论框架。同时，这也是面对孤独的真理时的谦虚行为，从中能获得很高的德性。如果这样来看待学习过程的话，学生的学习就必须是完全自主的，不受任何强迫。在这里，产生了与“学术自由”(lehrfreiheit)配对的“学习自由”(lernfreiheit)的概念。

德意志唯心论的主张者们用“陶冶”(bildung)这一概念来表现基于这种学习模型的教育理念。

如此设想的教育课程在当时的德意志实际上实现到何种程度，现在并不清楚。据说，19 世纪德意志的学生利用所获得的自由，大多数人将时间浪费在学习以外的各种活动上。

而且，19 世纪后半叶以后，相当于现在的研究生水平的高年级学生参加以教授为中心组织起来的“研究班”，在那里进行理论学习和讨论，并且在教授主持的研究室和研究所通过参加实验来获得专业研究能力。

在这里，希望大家留意的是，在这种意义上，洪堡精神未必能表现德意志大学教育的实际状态(潮木，2007)。

二、影响教师自我规定的洪堡精神

由于 19 世纪德国的大学中自然科学和社会科学的迅速发展，德国式大学的组织和理念极大地影响了世界各地的大学，日本也不例外。

即使洪堡的名字现在不一定能被人们记起，但作为大学教师的自我规定的核心，研究与教育这两个要求必须同时得到的主张，直至今日仍在教师的心灵上留有非常深刻的印记。在这种意义上，洪堡精神作为支撑近代国家和社会中大学存在的极其重要的概念装置，发挥了非常大的作用。

但是，与现实之间的差距也导致了众多问题的产生。如何解开这两百年的“紧箍咒”，是现在大学教育的基本课题之一。

第五节　工业化、经济发展和高等教育大众化

一、高等教育的爆炸式扩大

伴随着 19 世纪后半期的工业化和资本主义化，对人力资源的需求也在飞跃式地扩大。进入 20 世纪，第一次世界大战结束后，高等教育的大众化就开始了。20 世纪 60 年代，与全球的经济发展相对应，高等教育也爆炸式地扩大，大众化进一步向前发展。前面所说的近代大学的三个源流在这一过程中不断发生质变，并且逐渐渗透到现代大学的基本理念、组织和教育课程之中。

扩大和质变的原动力是高等教育使命的扩大。在专业人士的教育方面，法学、神学和医学这三个传统的专门职业仍然是大学使命的核心，但是从数量上来看，其规模受到了限制。随着19世纪近代国家的发展，对行政官僚和技术官僚的需求也相应地扩大了。

而且，伴随着19世纪后半期工业化和资本主义的兴盛，对技术人员、农业劳动者、企业经营干部等的需求也扩大了。20世纪福利国家的发展，进一步扩大了教育、医疗等公共服务领域对人才的需求。

正如前文所说的那样，构成近代大学核心的是各类科学的自我目的式的发展，但从19世纪到20世纪也是公共教育体系扩大的时代，文学和理学类的大学教育具有为中等教育培养教师的功能。而且，作为服务于富裕阶层的教养教育的作用继续存在，伴随着社会构造的官僚化，高等教育逐渐具有了作为社会上升移动之手段的一面。

高等教育体系与大学的组织也发生了很大的变化。在德国和法国等欧洲大陆各国，法学、医学等古典专门职业教育作为大学的核心功能保留了下来；在英国，其中心转移到了与大学外的实务联系在一起的教育组织形式里；在美国，专门职业研究生院作为相对独立的组织成为大学中的一部分。

正如前文中说明的那样，在法国，近代国家发展所需要的行政和技术官僚的培养是在独立的精英教育机关中完成的。特别是，作为技术人员教育机关的综合技术学院此后被移植到德国和美国，成为工科大学。第二次世界大战后，短期的职业教育机关有英国的综合技术学院、法国的短期技术大学（IUT，institut universitaire de technologie）、德国的专科大学（fachhochschulen）。另一方面，在19世纪后半期，英国的大学（特别是苏格兰）和美国的州立大学中，工学、农学等的专门职业教育被导入了大学的学士课程，该类组织极大地影响了日本的高等教育。

在学术性专业领域里，最为典型的教育形式是德国的大学，哲学院不久就分化成理学、人文学等与专业领域相对应的组织。英国的大学也在19世纪后半期深受其影响。在美国，伴随着研究生院的发展，这些领域独立成为各个以学科为基础的学系（department）。

二、大学的大众化与教养教育的变化

教养教育在法国和德国被看作是中等教育的主要目的，中等教育的毕业资格受到严格的审查。结果，大学中的教养教育被弱化了。在英国，精英的人格教育的理念以学院教育的形式继续存在。在中等教育非常多样化的美国，教养教育成为大学的重要功能。在发展形成以教养教育为核心目的的博雅教育大学的同时，在规模较大的大学中教养教育也作为“一般教养”存在于教学计划的框架之中。

大学教育的样态也发生了变化。在职业教育中，职业所需的知识体系被明确定义，并以资格考试的形式成为重要的到达目标。这一点在医学、法学的职业教育中表现得尤为明显。在这种意义上，考试就成为教育的重要工具。

与此相对，专业学术领域的教育以讲义和自律性的探究学习为核心，后来以研究班等的形式吸收了以集团为媒介进行参与的要素。

将这些要素有机地结合进大学这一组织之中的是近代美国的大学。在此过程之中，美国的大学以自己的方式不断地去适应和改善组织形式，形成了在序章中所提到的 A 类型大学教育模型。这一模型到底是如何形成的？究竟拥有怎样的机制？关于这些问题将在下一章中说明。

第二章　大学教育的美国模式

16 世纪的考试情景

在前述的近代大学发展的源流中，特别是进入20世纪之后，美国的大学教育以独特的模式实现了自身的发展，并在这个发展过程中形成了本文序章所定义的B类型大学。本章将对美国大学教育模式的特征作概括性介绍。

第一节　美国社会与大学教育

一、"填鸭式"教学传统

美国大学的起源可以追溯到英国殖民地社区的大学(学院)，创办于17至18世纪期间的哈佛大学和耶鲁大学可谓是这类大学的代表。作为清教徒的宗教集团，当时的殖民地社会面临着培养神职人员和社会精英，使之成为宗教集团核心力量的紧迫课题。由于大部分殖民地大学教员是英国剑桥或牛津大学的毕业生，当时大学的组织结构基本复制了剑桥和牛津大学下属的学院模式，并且在教学内容方面也带有明显的类同性。具体而言，当时美国大学的教学是建立在拉丁文学习基础之上的古典指向的博雅教育，而学生则是随着年级的提高，进行循序渐进式的学习。因此从这个意义而言，大学教育可以理解为中等教育的延伸(潮木守一，1986)。

但是从另一个角度我们也可以发现，这种模式的大学教学并没有向学生提供开展主动性知识探究的契机(Rudolf，2003，第1—2章)。接受教育意味着服从与遵守戒律，而教学活动则是在这样的基础上得以开展的。显然，这种教学模式与基督教禁欲教义成为美国社会精神支柱之间有着不可分割的关联性。

1800年，在当时具有代表性的大学(学院)的总体课程时间配置中，由希腊语和拉丁文撰写的古典名著课程占到了二分之一，道德哲学、伦理、修辞相关课程占四分之一，只有剩余的四分之一的时间用于学习文学、历史和自然哲学(Kimball，p. 144)。殖民地时期美国大学教育的重要特征充分体现在这种通过古典名著的学习，向青年人灌输一定知识、并由此形成其生活态度的"填鸭式"教学模式中。

二、研究的出现

正如上文所述，19世纪初期近代国家的建立、科学技术的发展为世界各国高等教育的重新发展提供了原动力，即便在当时的美国社会，这种影响也表现出几种不同的形式。

1825年，从德国留学归国的年轻教师在哈佛大学创建了学生可自主选择的课程制度。但是由于当时多数大学对此项改革持质疑和批判态度，古典指向的博雅教育框架继续得到了维持。1828年发表的第一份对大学教育展开系统自我分析的研究报告，即著名的《耶鲁大学报告》则充分体现了当时美国大学重新确认和强化古典指向的改革潮流。

三、美国模式大学教育的形成

19世纪后期，美国高等教育经历了根本性的变革。

第一，由于南北战争时期《莫里尔土地赠与法》的颁布，州立大学开始在美国高等教育的舞台上崛起。肩负各州农业、工业技术人才培养重任的州立大学的出现为职业教育进入本科教育提供了重要的发展契机。

第二，专业研究活动的开展和研究生院制度的创建。在此之前，在美国大学执教的教师大都具有留学欧洲的经历，接受了以德国为代表的研究型大学教育模式的熏陶。1876年约翰·霍普金斯大学和1892年芝加哥大学的创办则意味着以研究为主导的新型大学的出现，给既有的高等教育机构带来了巨大的冲击。

第三，在上述改革过程中，传统的博雅教育本身也出现了新的变革，逐步向近代的博雅教育过渡。规模较大的大学开始将与专业研究领域相对应的学系(department)作为大学组织架构的基础单位，而教师和研究生则成为学系的构成要素。

此外，在19世纪末期还出现了将学系整合为学院(school或college)的改革趋势(Kimball, p. 144)。在规模较大的大学中，本科学士课程的教学组织被称为学院(college)，成为学生的隶属组织。

四、选修科目制度的形成和博雅教育内涵的重构

在上述这样的改革进程中，高校学生学习的制度框架发生了明显的变革。19世纪末期，艾略特(Charles Eliot，任期为1869—1908年)校长在哈佛大学正式引入了选修课制度。紧随其后，美国其他主要大学也陆续建立了选修课制度，这成为美国大学教育发展历史进程中的重要转折之一。当

时构建选修课制度的主要理论依据在于，不同专业领域之间的知识是无法采用所谓优劣高低的指标来加以测量的，任何专业学科的学习都具有重要的教育效果。从学生的视角出发，让学生自主选择合适的专业则能有效地提高学习成效。与此同时，美国大学开始设置了以增加专业科目和与选修机制相对应的主修专业（major）选择制度，并在此基础上建立了辅修（minor）制度，具体课程模式也在传统的讲授课（lecture）的基础上，增加了讨论发表课（seminar）和实验演习课等形式，使得以往的以记忆为主体的学习模式转化为在图书馆里的以学生自主学习为主体的学习模式（Kimball, p. 162）。此外，随着选修课目数和不同高校之间的学生流动的增加，美国高校还构建了将学生学习成果计为“履修学分”（credit units）的制度。

时至 20 世纪初期，上述的课程选修制度得到了进一步的体系化。哈佛大学劳威尔校长（Lowell，任期为 1908—1933 年）推行的课程改革是通过第一、二学年的分类选修制度（distribution）实现学习范围（breadth）的拓展，并通过第三、四学年的专业领域主修（concentration）的选择实现学习深度（depth）的强化。通过这样的改革，以自我学习目的为指导、以科学发展为核心的专业研究和传统的博雅教育得以融合，这使得博雅教育的发展出现以探究为导向的新转变。

此外值得引起注意的是，在洪堡理念的引入遭到重重阻力的芝加哥大学，当时的校长赫钦斯（Robert Maynard Hutchins，任期为 1929—1944 年）主导的教学改革所追求的目标是构建以经典名著学习为主体的古典导向的博雅教育。由此可见，面对近代科学的急速发展和科学研究的探究导向，美国大学通过各种模式探索在传统博雅教育中加入新的元素，赋予传统博雅教育新的内涵。

五、通识教育的诞生

第一次和第二次世界大战的中间时期，哈佛大学的以探究为导向的博雅教育发展方针，在当时校长科南特（James Bryant Conant，任期为 1933—1953 年）的大力推动下得到了进一步的体现和贯彻。具体而言，哈佛大学确立了以学术成就为基准的教师晋升制度，与此同时也强化了对学生入学水准和成绩的严格管理。科南特在任期间，校内委员会研究发表的《民主社会的通识教育》（*General Education for Democratic Society*, 1943）报告书提出了应形成民主社会中公民共有知识的理念，在当时的美国高等教育中引起了巨大反响。

正是针对上述理念，大学第一、二学年的教学内容被称为通识教育(general education)。虽然在多数场合，人们经常把通识教育与博雅教育混同，或将两个概念互换使用。但从严格意义上来讲，通识教育应该指的是大学第一、二学年的教育。无论在文理学院，还是在开展职业教育的大规模州立大学都适用。第二次世界大战后，通识教育的理念和制度传到日本，成为战后日本新制大学的基本教学制度框架。

一方面，实现学术专业领域的细化，建立严格的业绩成就评估体系，另一方面，在上述学术专业领域中追求大学教育的"专"与"博"两大目标。在二战之后美国高等教育规模发生急速扩张的背景下，上述两大改革得到了大力推进。

二战结束之后，总统杜鲁门专门成立的杜鲁门高等教育委员会提出了高等教育跨越式发展的政策目标。20 世纪 50 年代至 60 年代，由于州立大学和社区学院的大规模设置和扩招，上述政策目标得以实现。在此期间政府还积极鼓励学生从社区学院转学到四年制大学，这使得大学教育前期课程和后期课程的分割得到了进一步的强化。

此外，面对大学在校生规模的急速膨胀，大幅增加师资力量成为紧迫课题。在当时研究生院迅速发展的背景下，对大学教师的能力要求存在着过度侧重教师在学科专业领域的研究业绩的倾向。这就是杰克斯和李士曼(Jencks and Riesman, 1968)所强调的"学术革命"(academic revolution)。当然，这种重科研轻教学的倾向将不可避免地与本科教育发生冲突，反思和调整对教师能力的要求就成为迫切需要解决的问题。

在经历了上述发展历程之后，美国高等教育形成了其独特的大学教育模式。这种大学教育的特质体现为在教学理念、教学组织以及个体的行为中追求宽泛性和深入性的结合。这种特质使得美国大学教育的教学和研究功能得到充分发挥，但在另一方面也引发了持续的冲突。以下将对该问题作进一步探讨。

第二节　美国社会与大学的使命

一、知识和技能的形成

大学教育在美国社会中具有怎样的定位？在推动社会发展的进程

中，大学所承担的使命是什么？

现代美国社会对大学教育提出的首要期望是形成职业岗位所必需的知识和技能。毋庸置疑，在律师、医生等传统高等专业人才的培养方面，大学教育发挥了重要的作用。19 世纪末期，以约翰·霍普金斯大学的创办为契机，医生执业资格实现了标准化，这为医生成为高等专业人才确立了重要的基础。与此同时，律师执业资格的确立为法学院的创办提供了前提和保障。在中央政府行政管制薄弱的美国社会中，上述领域的专业人士团体组织与相应的专门职业研究生院紧密结合，构成了培养专业人才的核心机制。

进入 19 世纪后期，随着工业技术人员、农业技术人员、教师以及企业和政府部门的管理人员等白领人才需求的扩大，上述职业的专业化进程在强化与相关大学教学课程关联性的基础上取得了较大的发展。第二次世界大战之后商务专业人才需求的扩大，20 世纪 70 年代之后医疗健康专业人才需求的扩大，都进一步强化了大学教育和社会专业人才培养之间的紧密关联性。由此可见，美国大学在顺应职业人才需求变化方面具有高度的敏锐性和灵活性，同时大学正是通过这种需求顺应机制，利用专业人才的培养确定自身的地位，并在很大程度上保障升学需求的稳定性的。

20 世纪 80 年代之后，以在职成人为对象，提供与职业相关的实践性知识技能成为美国大学承担的重要职能之一。职业人才的需求促成了大学教育的扩大和变革，并最终产生了大学升学需求稳定和扩大的良性循环。

二、支撑民主社会公民意识的形成

然而，社会对美国大学的期待并不仅仅局限于上述知识和技能的形成，这与美国的文化与思想特质有着密切关联。作为美国国民精神的基础，基督教特别是清教徒的宗教信仰具有如下特征：他们认为人并不是完美的，因此人应该时刻与神所指引的理想人类进行对比并自我反省；神与人类关系的建立并不需要特定的权威或组织作为中介体，也就是说，在神的面前每个人都是平等的；作为人与神之间建立关系的重要场域，教会并非神职人员的特权组织，而是由所有社会成人成员共同自主建设和运作的组织。上述清教徒的宗教信仰促成了一种教育观的形成，即：① 人类必须完善自身，而且这种自我完善的行为是完全可行的；② 为了实现上述目标，必须给予所有人接受教育的机会；③ 每个社会成员都必须自主地参与到完成上述目标的行动中。这种教育思想对此后美国高等教育的发展产生了深远的影响。

尽管如此，截止到18世纪初期，美国高等教育机构只是一种带有高度特殊性的教育机构。进入18世纪以来，随着社会富裕阶层的出现，以及大学开始在培养富有阶层子弟方面承担重要职能，人们开始思考什么是支撑大学教育的理念支柱。而博雅教育(liberal arts)，特别是以上介绍的古典导向的博雅教育正是在上述背景之下出现的。其目的在于通过严格的古典名著学习培养未来社会的领导者。在古代希腊，“Liberal”一词的含义是自由市民，即古希腊城邦国家中一个特定的社会阶层。前文中谈到的《耶鲁大学报告》(1828)可谓是这种教育思想的反映。

但是时至19世纪末期，随着大学招生规模的扩大，人们开始追求更为开放的大学教育理念。在这样的社会背景之下产生的正是上文介绍的探究导向的博雅教育。在这一新的教育理念中，“liberal”意味着断绝与传统习惯和观念之间的联系性，追求思想开放(Kimball, Ch. 5)。并且，这种探究导向的博雅教育理念与带有自我目的性的学术研究发展潮流形成了有机的融合。

到了第一次和第二次世界大战之间的时期，旨在通过立法和财政经济措施，增进社会全体成员福利，改善社会的福利国家思想的崛起引发了向所有社会成员积极普及高等教育机会的潮流。与以上介绍的哈佛大学的《民主社会的通识教育》发表几乎同步，当时的美国总统杜鲁门属下的高等教育委员会(President's Commission on Higher Education)发表了《美国民主社会的高等教育》(*Higher Education for American Democracy*，1947)报告书。该报告指出42%的美国成人具有接受高等教育的资质，强调了向这一群体普及高等教育的必要性。

战后，作为实现社会机会均等化的重要工具，高等教育机会供给的扩大成为当时美国社会的发展目标。到了20世纪70年代，高等教育的发展则与个人的资质无关，其目标在于保障所有具有升学愿望的社会成员拥有接收高等教育的权利。通过这一发展趋向可以清楚地看到，高等教育的社会使命中增加了上文所探讨的，由基督教宗教信仰产生的教育思想的新元素，从这个意义而言，大学已被定位为“高等普通教育”。

由此可见，在美国社会的宗教信条逐步转化为美国特有的民主主义的过程中，美国高等教育所肩负的社会使命在不断地发生变化，并被赋予新的含义。因此我们可以说，当代美国高等教育与美国民主主义精神的根源紧密相关的。正如美国民主主义思想带有明显的多元性特质，当代美国高等教育的社会使命也同时包含着：培养民主社会的领导者、形成支撑民主社会的公民意识、机会的普遍保障等多项异质性要素。而必须指出的是，也正是这种美国高等教育所肩负的社会使命的广泛性和多元性给美国大学教育带来了混乱与困扰。

三、专业学术知识的传递

专业性学术教育的使命可谓是美国社会的新生事物。在进入19世纪之前，美国大学的基本教育理念是古典主义的博雅教育。另一方面，在独立战争前后由杰弗逊、富兰克林所主导的启蒙教育思想则带有浓厚的功利主义色彩。

进入19世纪之后，新科学思想开始在美国社会崛起，并且在19世纪末随着德国大学模式的引入得到了更大的发展。但是即便如此，在美国大学的研究高速发展的两次世界大战之间的时期内，这种研究职能也并没有被作为大学教育的主流思想为社会所广泛接受。[①] 在此之后，特别是在第二次世界大战结束后的冷战体制之下，科学技术的重要性开始上升为政治焦点。而20世纪50年代之后的美国高等教育规模的扩大促进了大学教师队伍的扩大，教师队伍的强化和补充则更进一步地推动了研究生院的发展。当时对于在高等教育扩大过程中扩充的大学教师的评估，主要着眼于其在各自高度分化的专业领域中的研究能力，其结果强化了教学内容的专业倾向。

当然，具有自我增殖性的学术研究的发展必然导致知识内容的爆炸性扩充和专业分化的加速。曾担任加州大学总校校长，在美国高等教育发展中具有重要影响力的克拉克·科尔(Kerr，1963，p. 11)就指出在现代大学中，存在着以教学课程的形式逼迫学生消费由教师生产的各学术专业领域的知识的现象。从这一发展特征来说，柯南特所追求的大学理想由此成为现实。[②]

---

① 本章对于美国大学教育模式的探讨主要参考了喜多村和之(1988)、Rudolf(2003)、Rothblatt(1999)、井门(2004)等文献。

② 科南特校长所设想的大学内部包括了如下三方面的张力。第一，从教条性、反探究性思想出发，将大学定义为教授既有的带有普遍性特征的知识的场域，而并非探究和发现新知识的场所。第二，从功利性职业教育思想出发，让大学成为通过培养专业人才，推动知识社会应用的场所。第三，将大学定义为推动知识进步的场域。以上三点可谓科南特校长所描绘的大学理想发展方向。(Keller，2001，p. 25)

到了20世纪70年代，为了解决种族问题和男女机会均等化等社会问题，在政治力量的推动下，美国大学增设了更多的相应的专业学科。在这样的过程中，教学科目日趋多样化，科目间的分裂即专业的细化成为不可避免的发展趋势。针对这一发展趋势背后存在的可能削弱大学教育职能的危机，当时的美国大学内外都表示了极度的忧虑。艾兰·布鲁姆的《走向封闭的美国精神》(*The Closing of American Mind*, Allan Bloom, 1987)一书可谓是站在古典导向博雅教育立场上对当时大学教育现实的控诉，该书表明曾对美国社会发展产生深远影响的古典导向的博雅教育，依然是形成现代美国社会文化的根基。

综上所述，美国大学教育所肩负的社会使命包括职业准备、公民意识的形成、学术专业知识的传授和训练等多项要素。这种社会使命的多元化和广泛化特征背后也存在着各种矛盾冲突。因而，在这样的状况下如何定义大学的独特使命，成为各个大学自己的责任。而大学的特色并不是选择其中某一特定的使命作为自身的发展目标，而是在于如何对上述多样化的职能进行有效组合。

但是在现实中，大学作为研究机构的理念和导向压制作为教学机构的理念和导向的倾向并不是不存在的。曾担任哈佛大学校长的博克(Bok, 2005)严厉指出正是这种欺瞒导致了社会对大学的批判和质疑。为了消除上述障碍，应该构建和追求怎样的大学教育？本书的第五章和第六章将作详细阐述。

第三节　大学的教学组织

一、教学组织

大学理念的广泛性必然导致大学的多样性和大学内部组织的复杂性。美国大学正是在这样的背景下形成了其独特的组织模式。

美国的高等教育机构可以大致区分为两年制的社区学院和四年制大学。仅后者的“大学”(university, college)，其机构数就达到3000家以上，具有明显的多样性。在各个大学选择组合上述大学使命的过程中，大学多样性的内涵得到了进一步的扩充和延伸。

把学科专业分布划分为职业相关专业(如工、农、教育、健康等与特定职业相关的学科领域)、商务专业(如商务经营、信息等为未来企业白领人士提供职业准备的学科领域)、文理专业(如文学、经济学、物理学等学科领域)三大类。图 2-1 显示了 1971 年、1985 年和 2003 年美国学士学位专业授予的分布状况。从中可以发现,职业相关专业毕业学生的比例基本保持在四成左右。但如果从内部构成来看,可以看到近年来教育专业毕业生的比例出现下降,相反医疗健康和工学专业中计算机专业毕业生的比例呈上升趋势,在职业相关专业中逐步占据核心地位。

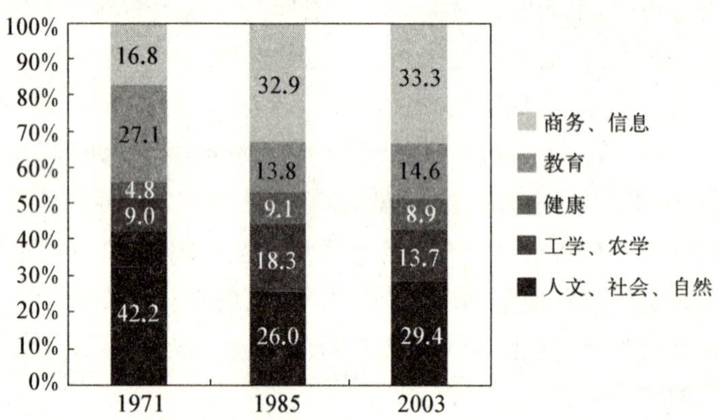

资料来源:US Department of Education. Digest of Education Statistics 2006, Table 249

图 2-1 美国学士学位的各学科领域分布状况(1971—2003)

从 20 世纪 50 年代,文理专业等相关学科在经历了"学术革命"后,成为大学教育扩大的核心力量,其毕业生比例曾一度达到 40%。然而,此后由于学生就业状况的恶化,在进入 80 年代之后,其比例出现急速下降。相反,在同一时期内商学专业毕业生的比例却出现急速扩大。

在经历了上述变动之后,进入 21 世纪之后高校毕业生的专业分布特征为:职业相关专业、商务专业、文理专业各占三分之一。如果将这个结构分布特征和以上讨论的大学使命的三要素相结合,可以发现广义上的职业准备达到了三分之二,而公民意识的形成和知识探究占据了剩余的三分之一。但是值得注意的是,即便是在职业准备中,公民意识的形成和知识探究依然是其重要的构成要素。

二、多元性大学组织

作为大学理念和功能多样性的反映,美国大学的组织架构也具有明显的多元性和多样性特质(井门,2004)。如果用建筑物来作比喻,系(department)可以理解为是构成美国大学组织架构的基础单位。而在此基础之上存在着各种模式的中间组织,而这些中间组织就是通常被称为学院(school, college)的机构。在这里尝试将这类中间组织归纳整理为四大类(参阅图 2-2):① 职业型研究生院,例如医学院(medical school)、法学院(law school)等;② 专业学院,例如工程学院(school of engineering)、师范学院(school of education)等,拥有与专业职务相应的研究生院和学士课程两大构成要素;③ 综合学院,由职业相关的学科和系(department)构成的本科组织,在本科基础上,具体存在设有研究生院和不设有研究生院两类形式;④ 文理学院,主要由与职业无直接关联的人文、社会、理学等系构成。各个大学的组织架构可以理解为上述四大类别的组合。例如文理学院基本是由单一的学术学科构成的。此外,在现实中既存在只设有职业相关专业或系的小规模大学,也存在职业相关专业和学术学科专业两者兼有的小规模大学。而大规模大学则往往同时拥有上述四大类别。在普通私立大学中,由单一的学术学科构成的"文理学院"、专业学院以及职业型研究生院占有较大的比例。

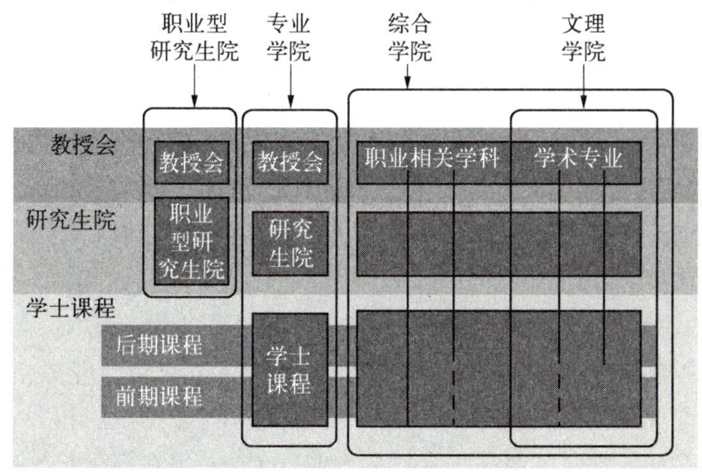

图 2-2 美国大学的组织结构

三、本科教育的环境

校园(campus)概念可谓是美国大学的特色之一。从历史发展的视角来看,美国大学继承了英国牛津、剑桥大学的学院(college)传统。殖民地时期的美国大学大都将校区建设在城市边郊地区，并且采用学生全员住宿制。这种教学环境为传统导向的博雅教育的实施创造了良好的氛围。

即便到了现在，美国大学大都要求学生至少在第一、二学年在校园中度过学生宿舍生活，或极力推荐学生采用这种生活模式。走读学生大多是就读于走读大学(commuter school)，这类大学主要以因家庭经济原因选择走读的学生为对象。在本科教育阶段的学生宿舍中驻有宿舍指导监督人员的大学也并不罕见。此外，大学中的图书馆不仅是作为存储图书、提供查阅的场所，同时也具有提供学习场域的职能。在部分大学还设有专门为学生开展学习活动的图书馆。此外，体育馆和社团活动设施也是构成教学环境的要素之一。

由此可见，校园并不是单纯的学生上课学习的场所，而是将学生的学习生活融合为一体，从整体上发挥作用的环境。这种教学环境与下文讨论的教学实践互相结合，形成了整体制度性(total institution)的大学环境。

四、入学与升级的制度框架

学生在进入大学之后具体学习什么内容？如何实现学年递升？最终授予学生怎样的学位资格？如果将规制这一发展路径的制度称之为“学习的制度框架”，那么美国学士课程学习制度框架的特色就体现在其内容的宽泛性、选择幅度的灵活性以及在学习期间可以针对个人情况转换学习路径的可调整性等方面。

在上文介绍的专业学院中，入学选拔考试是以学院为单位实施的，例如工程学志愿的学生在入学阶段已经确定了其大致专业方向，但确定具体专业的情况则极为罕见。在综合学院中，虽然职业相关学科的学生大都在入学时已明确了自己的专业(major)，但在入学之后中途转到其他院系专业的情况也并不罕见。另外，在文理学院中既有在不确定专业的情况下的入学模式，也有确定专业的入学模式，但在这类院校中大都需要首先确定是进入文科学系还是理科学系。总之，文理学院的前期课程(第一、二学年)中，学生并不归属于某一特定的学科专业，而是在进入后期课程之后才确定各自的专业，并在毕业时依据个人的学科专业授予相应的学位。

第四节　教学课程的三大特征

美国大学是在大学使命多样化的背景之下，以独特的制度架构和文化实现了自身发展的。这一切也成为构建美国大学教育力量的基础。以下将从学生的学习制度框架、课程以及教学实践三个方面展开探讨。

一、学习的幅度与阶梯

在第一次和第二次世界大战的中间时期，美国大学的课程通过科目的分类选修制度(distribution)和专业领域主修制度(concentration)分别实现了学习内容在宽度与深度方面的拓展和延伸，并由此形成了美国大学教育的基本架构。第二次世界大战之后，第一、二学年通识教育的实施使得前者的分类选修制度得到了进一步的具体化，并在美国各大高校迅速普及。然而，在这样的制度框架内具体提供怎样的教学课程则是因校而异的。不仅如此，即便是在同一所大学内教学课程的变革也极为频繁。具体可以利用以下两个维度来探讨美国大学课程的基本框架。

第一个维度是学习对象的幅度。正如上文所述，美国高校学生在入学的时候，并没有必要确定特定的专业，相反是需要随着学年的递升逐步明确自己的专业选择。作为通识教育的核心，在前期课程中高校将跨越人文、社会、自然学科领域的一些科目设定为学生的必修科目。即便在后期课程中，学生也并不是仅仅学习某一特定的专业，而是可以选择辅修(minor)或双专业(double-major)学习。

另一个维度是"入门—基础学习—探究"的阶梯性。从这个视角出发，美国大学本科四年教育则是从三个阶段分别设置以下三类课程的。(井门，2004，pp. 132—135)

1. 学习技能的掌握——① 学习的基础、读写能力；② 外语、电脑。

2. 入门・基础知识学习——① 在人文、社会、自然领域的广域性概论学习；② 自然科学的基础(例如数学、物理、化学、生物等)。

3. 特定专业领域的学习——① 专业基础学习；② 探究性学习。

通常，美国大学的课程履修目录中，上述的第一类课程的编码常以100起步，第二类课程的编码以200起步，而第三类课程的编码则是以300起步。此外，第一和第二类科目大都为通识教育的相关课程，一般情况下学生必须在第一、二学年学习这些科目。至于理学系和文学系，第二类中②指的是理学系学生的必修课目。在后期课程中学生需要履修第二类和第三类课程。在一般情况下，本科课程所要求的专业学习主要指的是第三类中的①类科目，并不要求开展探究性学习。只有成绩优秀的学生可以通过毕业论文或研究开展探究性学习，并获得荣誉学位(honor degree)。

美国高等教育的一个基本特征是在整体课程中，入门学习和掌握基础技能的相关课程占了相当大的比重。其主要原因在于美国公共教育体系存在显著的地域多样性，高校入学者的学业基础也参差不齐。此外，20 世纪 70 年代之后在高等教育逐步实现普及化的同时，高中阶段的教学水准却出现了下滑的倾向，为此作为开展大学学习的重要前提，提高学生的基础能力成为大学教育的重要课题。

二、教学实践

在序章中曾提到，美国大学教育中最具代表性的特征是其控制导向和为了实现该目标精心准备的各种“道具”。

第一，明确规定学生学习要求。在教学的开始阶段每个学生都能领到课程大纲(syllabus)。课程大纲非常明确地列举了课程的教学目标、教学日程安排以及课程中学生必须阅读的相关文献和论文。从某种程度而言，课程大纲展示了学生成绩评判的标准，可以将此理解为教师与学生之间的一种契约。

第二，教师与学生之间的互动性。在课程中教师会向学生布置课题论文或实验报告等作业。而且一般情况下，会在期中和期末分别实施两次课程考试。对于学生提交的课题论文和实验报告，教师大都会批改打分，并在附上评语后返还给学生。

上述教学实践可以理解为在大学内部积淀而成的一种文化，这种文化在微观层面，把作为基督教信仰和古典导向通识教育的结合产物的“灌输式”教学传统和 19 世纪之后以自我目的性学术研究为内容的各种教学内容之间互相矛盾的要素进行整合。为了推动学生积极参与学习，上述教学“道具”虽然不带有强制性，但在提高美国大学教育成效方面却发挥了重要的作用。

第三，教学的体系化。特别是在理工科的基础科目上，由于教学规模较大，为此美国高校大都安排主要由研究生担任的教辅人员(teaching assistant)在教学过程中为学生答疑(小笠原,2007)。此外,利用网络媒体开展教学的方式在美国大学教育中也较为普遍。关于这一点将在第六章中作详细阐述。

三、学习动机的激发与学习经历的整合

制约美国大学课程架构的第三个要素是形成学习动机和整合各种学习经验。如果按照上文所强调的方式扩大学生学习内容的宽泛性,则有可能引发下列问题,即学生很难在大学学习的入口(input)和出口(output)确定自己的人生规划,而且也很难真正体会参与各种学习活动的价值所在。因此,如何解决这些问题就成了战后美国大学课程改革的主要焦点,同时如何解决这些问题也充分体现了各大学的教学特色和独创性。具体整合方式可以大致区分为以下三类:

A. 职业适应性(relevance):根据以上分析,我们看到从广义而言,目前美国高校学生中有将近三分之二的学生选择在职业相关专业学习,也就是说学生的学习动机在于其对某一特定职业的追求。特别对于在以工学专业为主体的职业学院就学或从入学开始就确定选择与职业相关的专业的学生群体而言,他们大都具有高度的学习积极性。然而在入门阶段所学习的知识和实践之间往往容易存在落差,此外即便是商学专业的学习也未必具有明确的对应的职业目标。为了填补课程内容与实践之间的落差,美国大学采用了在相对较早的阶段引入专业教育课程,或为学生提供职业实习体验(internship)机会的制度。

B. 整合导向的学习课目:针对职业相关专业学生的前期课程和学术专业学生,需要分别建立拓展学习内容广度和明确专业选择的激励引导机制。为此需要在课程框架中设计各种环节来实现上述目标。首先需要为学生设定特定的社会课题(例如环境、地域发展),鼓励学生针对自己关心的课题开展各种学习研究。其次需要为学生提供从学术的视角了解各类学科领域概貌的鸟瞰式课程。

C. 古典导向课目:以介绍古典名著为核心的学习课目。前文已经介绍了美国博雅教育的传统在于其古典导向。通过阅读古典名著,形成一定的思维模式的传统在芝加哥大学的"名著学习"改革中获得了新生和延续,类似的课程改革在美国许多大学得以推行。目前以文理学院为代表的许多大学都在积极开展这种以人文哲学为主体的大学教育。

四、普及化与国际化

以上介绍的美国本科教育的特征主要是在20世纪50年代至60年代,随着美国高等教育大众化的推进而发展形成的。20世纪80年代之后,美国本科教育呈现出新的发展面貌。

著名的美国高等教育研究者马丁·特罗指出高等教育机会供给规模的扩大导致了大学升学限制的实质性消亡,为此高等教育已成为所有人应享有的权利保障,他将此称为高等教育的"普及化"。[①] 作为高等教育普及化的产物,美国高校学生的资质发生了根本性变化。具体而言,并不是所有升学者都抱有明确的生涯发展规划,此外即便进入了大学,也有大量的学生由于不适应大学教育而最终选择退学。因此,在部分大学如何控制退学者人数的上升成为迫切需要解决的教育问题。

另一方面,以日本为代表的其他国家通过提升制造业的竞争力,在国际市场的竞争中对美国的优势地位提出了严峻的挑战。面对这一现状,一方面再次强化大学研究与产业间的合作,另一方面积极培养能在国际活动中占据核心地位的人才就成为紧迫的社会需求。在这样的背景之下,如何保障高质量成为当前高等教育发展的重要任务。

也正是在上述背景之下,美国大学教育在20世纪80年代之后出现了新的变革。大学教育一方面需要提高学生的学习积极性,另一方面作为教学成效的体现,大学需要提高学生的判断力和社会沟通能力。为了实现上述目标,仅依赖上述的控制导向是完全不够的,更重要的是必须提高学生学习参与的主体性。在这一方针指导下,美国大学积极开展了以主体性学习(active learning)、学习参与(engagement in learning)为关键词的教学改革运动。此外,作为上述教学改革的基石,美国大学积极开展以强化大学教育体系化为目标的教育投资,迅速提高了生均教育成本。对于这一问题,本书的第六章和第七章将作进一步的说明。

---

① 依据马丁·特罗的定义,高等教育的发展可依次区分为精英阶段、大众阶段和普及阶段。

第三章　大学教育的日本模式

大学和强国之梦

（译者添加）

与第二章介绍的大学教育的美国模式相比，日本的大学教育的结构在某些方面具有明显不同。

第一节　日本大学的形成和发展

一、源自职业教育的起步阶段

在考察日本的大学教育问题时，首先必须了解，日本的大学教育是作为实现近代化的重要手段被引入日本社会并发展而成的。从这一视角来看，日本大学教育的发展源自大学教育发展的三大潮流（专业人士培养、博雅教育、学术真理的追求）中的高度职业教育。明治初期设置的日本高等教育机构主要源自幕府种痘所的医学校、司法省下属的法学校、工部省下属的工部大学校、农商务省下属的驹场农学校等。这些高等教育机构大都承担培养政府官僚的职能，是带有明显法国模式特征的职业教育机构。然而在另一方面，19 世纪末期也是德国大学模式在国际社会广为传播，具有强大影响力的时代。在这样的背景之下，作为独立的学术研究机构，日本政府设置了东京大学。此后，东京大学吸收了上述这些机构的高度职业教育的职能，这直接导致了明治十九年（1886）东京帝国大学的建立。

帝国大学的组织特征首先体现在它是由法科大学和医科大学等具有高度独立性的组织构成的联合体。此外，各"大学"可以划分为学科等单位，在此之下所谓"讲座"则是构成帝国大学组织体的基础单位。通常，"讲座"是由一名教授、一至两名副教授以及助教构成，而本科学生和研究生则分别隶属于某一特定的讲座。因此，从这个意义而言，讲座一方面是与特定的学术专业领域相对应的学术研究单位。另一方面，除法学之外，讲座也是开展教学活动的基础单位。如果追溯"讲座"的由来，原本在德国大学，"讲座"仅表示正教授的职位，而在传到日本后则被演化为具有制度性和标准性的组织单位，这可看作日本"讲座"独有的特征。当然，需要指出的是，"讲座"制度在整体引进尖端学科领域，以及培养学术研究的后继者方面发挥了重要的作用。

虽然有关当时帝国大学具体教学实施的史料极为有限，并且较为零碎，但通过这些零碎的资料，依然可以发现在帝国大学创办初期，讲授课和考试构成了当时大学教育的基调。此外，从依据学生成绩进行排序的毕业生名单中可以发现，当时大学有意识地强化学生对考试成绩的重视程度。帝国大学教育的核心首先是法学、医学、工学等高度职业教育，如何有效地吸收系统知识成为当时大学教学的重点所在。即便在其他学科领域，当时大学所教授的知识也主要来源于西欧发达国家，学习吸收发达国家的知识技能成为帝国大学教育的首要目标。

但是到了明治后期，随着德国留学归国人员的增加，探究型教学的重要性开始得到重视，当时的京都帝国大学、一桥大学等大学相继在法学和经济学专业的课程中引入了讨论发表课（seminar）这一教学形式（潮木守一，1997；菊池，1999）。但是在法学院，由于当时官吏聘用考试和此后的司法考试等外部考试选拔制度的存在，讨论发表课并没有成为大学教育的主要教学形式。此外，在文学、理学等专业中，讨论发表课被广泛地引入上述“讲座”教学中，而学术探究型教育正是通过这种教学形式逐步渗透到大学教学活动中的。

二、高等教育的二元结构

此后，与帝国大学的增加几乎同步，一些非大学型高等教育机构也开始陆续出现在日本高等教育的舞台。到了第一次世界大战之后，日本已经初步形成了自己的教育体制，其中通往高等教育的路径可以归纳为如下两条（天野郁夫，1986）：其一是在中学毕业之后，在经过高等学校（或大学预科）学习之后进入高等教育机构的路径；其二是中学毕业之后，进入专门学校（或师范学校）的路径。

在第一条升学路径中，高中阶段教育的职能在于培养学生形成学业能力基础，特别是较高的外语能力，帮助他们更好地适应未来的高等教育。当时的高中大都规模较小，并且实施全员住宿制。从这个意义上说，这类学校在日本高等教育发展历史中发挥了类似博雅教育的作用。在第二条升学路径中的专门学校实质上是实施职业教育的短期高等教育机构。与大学的主要区别在于，这类教育机构并不采用直接用外语授课的方式，而是用日语开展教学活动。第一次世界大战之后，由于民众升学需求的急速膨胀，日本高等教育体系在保持上述二元结构的基础上实现了规模的扩增。

高等教育扩大过程中，原有的大学教育理念开始出现融解与变化。第一次世界大战之后，在以教育改革为讨论议题的临时教育委员会中，是否应该将美国模式的教育制度引入日本，成为当时该委员会的讨论焦点。这一动向无疑佐证了大学教育理念的变化倾向。在传统的帝国大学型教育理念中，以法学、医学为代表的高度职业教育和以“讲座”为单位的研究人员和专业人才的培养构成了大学教育的核心。但是随着高校教学对象规模的扩大，培养各生产领域的白领人才开始成为日本大学所承担的新职能。

在这样的背景之下，传统大学所强调的真理探究的理念与高校学生规模增长的现实之间的偏离和差距势必日趋扩大。为此，尽快缓解上述理念和现实之间的矛盾，填补两者之间的差距成为保障日本大学和大学教育生存的重要前提（户坂，1996）。在这里，上文介绍的洪堡的“学习自由”理念就成为解决问题的有效手段，其影响力因此得到了进一步的强化。

三、战后的大学改革

第二次世界大战之后，日本高等教育结束了传统的二元结构，将旧制大学、高等学校和专门学校统一合并为“新制大学”，开展了一元化高等教育的结构性改革。与此同时，传统的普通教育和职业教育并存的复线制初、中等教育体系也实施了单线化合并改革。上述改革是在当时美国占领军的指导下开展推行的，它体现了当时美国极力强调的所谓教育在推行民主主义过程中所具有的重要的改革导向。在这样的改革理念指导下，大学必须作出向社会开放的选择。具体地，战后日本新制大学的课程借鉴了与美国州立大学相类似的制度性框架，并将当时在美国高校广为普及的通识教育（general education）课程引入了日本大学教育。

20 世纪 60 年代，伴随着经济的高速增长，日本高等教育的升学需求出现高度增长。1960 年还处于 10％以下的高校升学率在 70 年代中期则超过了 20％。如果将短期大学入学者也纳入计算范围，那么高等教育入学率则达到了 40％左右。在短暂的十几年内，日本高等教育从精英教育过渡到了大众教育。

同一时期，日本大学间以选拔难易度为衡量尺度的科层结构得到了进一步的强化，大学入学竞争日趋激烈。20 世纪 70 年代中期以来，政府从政策层面严格控制新办院校和新增专业的出现，此外为了缓解大学应试竞争的过度激烈化，政府建立了大学统一考试制度。但是与政府的政策意图相违，大学间的科层结构日趋明显，大学应试竞争也逐渐白热化。

然而90年代后期以来，随着18岁高等教育适龄人口的减少和大学招生规模的持续增长，21世纪初日本四年制大学入学率超过40%；若加上短期大学则高达50%；再加上专修学校专门课程，则将近70%。日本高等教育已进入了普及化阶段。

回顾高等教育的发展历程可以发现，日本高等教育是在迅速顺应社会需求变化的过程中不断发展而成的。在这样的过程中，日本大学教师在德国洪堡理念的“学术与学习的自由”中寻求着自身的特性。

从反省二战前大学盲目迎合极权主义的倾向出发，二战后的日本大学提出了在保持高等学府独立性的基础上服务于社会发展的理念目标。此外，战后左翼与右翼之间的政治对立又使得大学成为当时政治运动的舞台。在隐含各种矛盾冲突的状况之下，日本大学迫于大众化的压力做出了不断扩大的选择。因此，在对于大学教育效用的认识上，日本社会和大学之间并没有达成真正的共识。

第二节　大学理念——社会共识的缺位

在上述发展历程中形成的日本大学教育具有如下三大特质：

第一，大学教师中存在着强烈的学术研究导向。在美国，特别是从第二次世界大战到20世纪60年代，学术研究导向在高等院校日趋突显。从这种倾向被理解为当时美国高等教育的巨大变化可以发现，在此之前学术研究导向在高等院校中并不具有主导地位。相反，古典导向的通识教育、以州立大学和社区学院为代表的与职业紧密结合的教育成为当时美国大学教育完成社会使命的核心所在。同样在二战前的日本高等教育中，特别是在旧制专门学校中职业教育成为其主要使命。二战后，随着各类高等教育机构被统一合并为新制大学，以学术研究为导向的传统帝国大学成为各类高等院校所效仿的典范。在高等教育的扩大过程中，传统帝国大学的毕业生在各类高校教师队伍中占据了较大的比重。其结果导致了大学教师无视所在高等院校的客观职能，而只是一味地将学术研究作为体现自身价值的首要选择。

有关大学教师的国际比较调查研究结果显示，日本大学教师在从事“研究”活动中所花费的时间远高于美国(Arimoto, 1996)。不仅在研究方面，日本大学的教学活动也充分体现了上述学术导向。在日本大学，学生的学习模式被基本定义为自主型学习，而教师则是通过自身努力探究学术的行为，对学生形成无形的影响，从而间接地改变学生对学习的认识和态度。这与美国大学的对学生学习过程进行严格控制的倾向形成了鲜明的对照。

第二，大学过度侧重职业教育与社会职业知识需求间的对应关系。正如上文所强调的，引入近代知识技能体系是日本高等教育的基本使命，为此日本大学教育的重点在于为学生提供职业准备。从这个意义而言，目前日本社会将大学批判为“象牙塔”的见地则显得略有偏颇。

但是另一方面，由于日本大学的作用之一在于积极引入发达国家的职业性、技术性知识技能，为此在大学中将教育定义为在普遍性知识体系的背景之下，向职业岗位传递先进知识技能的观念依然占有主导地位。相反，从学术视角探讨职业岗位对知识技能的需求，并解决现实问题的意识则较为淡薄。这与积极参与区域社会经济问题的解决，并将推动区域发展作为自身发展使命的美国州立大学截然不同。

第三，博雅教育的教育理念淡薄。虽然在战后新制大学的教学内容中引入了美国大学的通识教育，但是日本大学显然缺乏对通识教育理念的背景性理解。其结果导致了通识教育基本上只是被定位为高等教育的初级阶段，而将通识教育作为大学教育不可推卸责任的观念并没有在日本大学得到广泛的认同和接受。在这样的状况下，在社会中形成对于通识教育的共识则无疑是一种奢望。或许这就是美国大学教育理念与日本大学教育理念的根本区别。

第三节　制度与组织

如果与前面讨论的美国大学的组织特征(图 2 - 2)进行对比，日本大学组织主要体现为纵向分割的学部(本科)教育，它的基本特征可以归纳为如下几点。

第一，“学部”成为大学内部具有自我完整性的基础单位。在日本大多数高校中，学部不仅是学士课程学生的隶属组织，同时也是教师的隶属组织。不仅如此，学部教授会也是大学决策的基础单位。虽然 20 世纪 90 年代后期的日本高等教育改革将部分高校教师的隶属组织从学部转化到研究生院，但是上述的组织运作实质上并没有发生太大的变化，学士课程的课程设计和教学运作管理也依然由学部教授会负有全权责任。因此，从这个意义而言，学部教育具有鲜明的纵向分割组织。另一方面，从大学整体而言，大学高层管理部门对于学部教育的管制权限极为有限，这种特征在大规模综合院校尤为明显。

第二，虽然学部的内部组织构成因不同的学科专业呈现出多样化特征，但大多数学部中存在着所谓学科、课程(course)以及研究室等专业分工更为细化的小规模单位组织。这些组织既成为由一人或数人构成的教师队伍的隶属组织，也成为学士课程高年级学生以及研究生的隶属组织。20 世纪 60 年代以后，虽然传统的“讲座”制度出现解体，“讲座”逐步被合并吸纳到“大讲座”等相对规模较大的组织体中，但学科、课程等小规模单位作为教学研究的基础单位发挥重要作用的特征并没有发生丝毫的改变。除医学院、法学院例外，在多数学部，学士课程高年级学生都隶属于上述组织，其规模从数人到数十人不等。

第三，在上述组织架构中，学生从入学开始就被要求确定自己的学科专业领域。尽管在入学后的前期教育中，学生将接受通识教育和全校统一科目的学习，但整个学习过程基本都是在上述组织架构中完成的。虽然部分日本大学也存在着学生入学之后在一定范围内选择自己专业的可能性，但这种专业选择基本都是在学生从低年级升入高年级时，通过考试等方式选拔确定的。这是因为学生毕业时所隶属的组织是依据研究的逻辑来确定的，由于这些组织也是教师的归属组织，其所能够容纳的学生数量就被明确限定。这样，为了不使学生数过少就有让学生升学的必要。简而言之，就是通过将教师纳入各基础单位来确定各单位的教学规模，并由此决定相应的招生规模。由此可见，从广义的角度而言，日本的本科阶段教育组织并没有为学生的选择和需求提供相应的制度架构。

此外，由于日本学士课程的教育被各不相同的“学部”所分割，其结果导致了学部教育的教学运作理念为过度狭隘的专业学科理论所牵制或局限，并在很大程度上加大了从学习的幅度与阶梯性两个层面重构学部教育的难度。这也是日本本科课程教育与美国本科课程教育的根本区别所在。

第四节　教学课程

一、以研究为主导的教学模式

洪堡理念深植于日本大学的教学理念中。正如本书第一章中所指出的，日本高校教师基本上将自己定位为研究者，他们通过课程教学向学生传播自己的研究成果，而学生则是以此为参考，摸索着如何开展独立探究。在这一过程中，学生不仅需要掌握专业知识技能，更重要的是需要形成自己的思维模式。这种教学理念对各个科目的教学进展和教学实践产生了深远的影响。

第一，课堂教学的定位。依据上述教学理念，优质的教育主要取决于教师的研究能力和教学积极性以及学生的自觉性和学习努力程度。因此，课堂教学实质上是教学双方相互作用的场域，也是大学教学职能发挥其功效的场域。而且课堂教学与教师自身的研究密不可分。课堂教学主要通过介绍学科专业的前沿发展动向来激发学生的学习积极性，但并不向学生提供逐步理解学科前沿知识的阶梯，相反则是要求学生通过自身的努力去主动理解课堂教学所传授的知识。正是出于这种教学理念的指导，虽然在日本的课堂教学中教师会向学生提供一系列课程相关参考文献，但很少明确课程学习的最终目标。

此外，由于课堂教学导向与各学科专业领域紧密相关，这就使得教学内容不可避免地出现过度聚焦于某一特定问题的倾向。特别是在研究型大学，教师为了吸引学生进入自己所在的学科专业领域，往往会开设一系列过度细分化和专业化的课程。从学科分布来看，这种课程过度稠密化的特征在自然科学领域显得尤为突出。

二、薄弱的控制机构

第二，缺乏控制学生学习的正式机构。如果从日本大学的“学习自由”的理念出发，对学生学习行为实施严格正规控制机构的欠缺似乎是理所当然的。但是，如果从根本上贯彻“学习自由”的理念，大学教育则不具有证明学生完成学业的能力。事实上在德国，则是通过参加校外职业资格考试(例如法学、医学等)和其他相关专业能力考试来检验和证明学生是否完成学业，是否掌握专业能力。而直到近期为止，日本大学的毕业概念并没有相应定义。日本大学肩负着向社会输送掌握一定知识技能的人才的重要使命，因此大学有必要保障学生在经历一定时期的学习之后，在知识能力方面达到社会所要求的毕业水准。

但是问题在于现实中的日本大学很难对学生学习行为实施强有力的控制。日本大学教育一方面带有过度的专业化特征，另一方面又普遍存在着教学内容与职业岗位所需知识技能之间的偏离。关于这一点将在后面的第五章作进一步的阐述。换句话说，学生在校期间所学习的内容本身并没有成为学生成功就业的前提与保障。实际上，大多数高校毕业生在专业课程的最终学年结束之前就确定了自己的就业单位，这无疑反映了教学内容与现实需求的偏离。

此外，由于学生经济资助体系的薄弱，相当一部分学生需要通过勤工俭学的方式来维持自己的学业。另外在地处大都市的大学中，有相当一部分的学生每天需要花费好几个小时往返于居住地与学校之间。面对上述现实困境，大学教师很难要求学生保证太长的学习时间，同时在对学生进行严格的科目考核时，往往会犹豫不决。

目前，在部分学科和专业，特别是在医学和法学等与职业资格考试密切相关的领域实施了严格的科目考核。此外面对学生学习动机与教学内容严重偏离的情况，经济学等学科也实施了严格的考核制度。但是即便如此，在获取毕业学分方面，授予基准的低门槛化现象还是极为普遍的。

需要指出的是，正是上述教学机制为前述的“独立型”学生提供了生存的土壤。

三、组织的教育力量

第三，学生的隶属组织在教学中发挥着重要的职能。在德国大学中，支撑大学教育的并非单纯的洪堡理念，教师指导下的讨论发表课(seminar)和研究为学生，特别是在学生开始独立研究阶段发挥了重要作用。在日本明治时期和大正时期，这种教学模式在法学院、经济学院以讨论发表课的形式，或者在文学院和自然科学专业以“讲座”的形式渗入日本大学教育。即便是在当代日本大学，上述组织依然成为学生的隶属组织。

这种小规模的隶属组织在保障教师与学生群体间的高密度接触方面发挥了重要的作用(滨中，2005)。这种隶属组织不仅通过教学课程，同时通过设定某一特定的研究课题，以积极诱导学生参与相关研究活动的方式来开展学生培养。除此之外，为了对知识薄弱点进行补习和互相帮助，学生之间自发组织各种课外学习研讨会的现象在日本大学也是普遍存在的。在这种学生自发组织的学习团体中，学生一方面可以通过与高年级学生甚至研究生一起开展学习活动来掌握和丰富理论知识，此外这种学生自发组织的学习团体也成为激励和诱发学生提升学习积极性的重要机制。

另外，日本大学生在校期间除参加上述正规组织之外，还积极参与校内社团和校外志愿者服务组织的活动，隶属于多种多样的组织。学生通过参与这些组织，获取各种社会体验，掌握活动企划、社会沟通、维持团队团结等技能，并由此充分实现自身的社会化。为此，多数学生对自己在大学时代中的上述经历持肯定态度。由此可见，隶属组织发挥了特有的教育功能。这也是美国大学与日本大学的重要区别所在。

如何评价带有上述特质的日本大学教育？首先必须强调的是，日本大学教育是日本社会发展的产物，因此上述特质具有一定的必然性，并且在高等教育发展过程中发挥了重要的作用。

对于相对较少、学习能力优异并且抱有明确未来发展规划的学生而言，日本大学教育模式或许可称之为是具有高效率的教学体系。但面对学生特征日益多样化的趋势，在为学生提供寻求和确定自身未来发展方向方面，这种模式则存在着明显的局限性。此外，在目前流动性高，价值观呈多样化、错综化的社会中，组织的教育功能也未必能够真正发挥作用。因此可以说，随着大学教育的外部环境不断发生变化，上述日本大学教育所具有的传统特质将不可避免地面临反思与变革。

第四章　大学教育改革的关键时期

17 世纪大学校长选举的情景

如上文所述日本大学现今正处于转折期，其背后有以下原因：第一，第二次世界大战后持续了大约五十多年的高等教育规模扩张使高等教育步入普及化阶段；第二，近百年的产业化发展正向着以知识为中心的多元化经济体制发展；第三，起始于 200 年前的近代国家和社会的发展以及其中的个人的应有存在方式也正在发生变化。

第一节 知识爆炸、知识社会化和全球化

第一因素是知识成为经济活动的核心动力，并且其数量也爆发性地增长。

近代科学的快速发展使其积累下来的知识急速增多，而且新兴学术前沿也在飞速扩张。特别是在自然科学领域中，从大学入学到探求尖端学术阶段的距离飞跃地扩大。换言之，学生在能够感受到参与尖端知识学习和研究所带来的喜悦之前，必须要持续长时间的基础训练。与此同时，因为尖端领域也在扩展，所以学生对自己所接受的训练最终会有何种学术意义也存在质疑。前述洪堡理念所代表的源自探求的学习动机难以继续发挥作用。

从 19 世纪到 20 世纪的经济社会发展是以制造业为核心的，并且以此为中心扩张到多种服务行业。这不仅直接扩大了培养有关制造业的科学技术人员的社会需求，而且也扩大了各种专门技术职务的需求，还扩大了对在扩张的组织中从事判断性业务的人才需求。在生产高度分化的社会中，近代大学将自己的社会使命定位于传授学生各种职业所需要的成套特定知识和技能。

与此相比，在现今的社会中，专业化和细分化的知识不再是直线式发展，多种专业领域的知识相结合开辟新的知识平台，创造新的市场和开始新的经济活动。而且这种知识具有永久性，并不断更新。这就要求大学毕业生不仅要预先积累专业知识，在工作中加以运用，而且还要不断掌握新的知识。

与此同时，随着阻碍各国经济间交流的壁垒变低而形成的经济全球化，使得各国之间的竞争变得更加激烈。在这一过程中物质的贸易确实能提高竞争力，但是生产流程本身会被组合化(标准化、细分化)，在各国之间自由流动。在这种情况下，决定各国国民经济生产率的并不是机械设备和单纯的劳动，而是国民的知识能力。

在这种环境中，人们常提到制造业和信息产业的科学技术人才的重要性。可是国际竞争力的核心并不局限于此，同样极为重要的是担负着全球企业的活动，并持有宽广的知识视野和适当判断力的人才。这种人才并不一定局限在贸易或企业的国际部门，即使在国内市场，也同样要求他们具备在国际新环境中的敏锐判断力。

美国的劳动经济学者罗伯特·B·赖克(Robert B. Reich)把这种高级白领阶层定义为"符号分析家"(symbolic analysts)。这种人才应具备以下四种能力：① 通过具体现象看穿其背后问题所在的抽象能力；② 在此基础之上，以宽广视野进行判断的系统化思考能力；③ 经常勇敢挑战进行新尝试的志向；④ 除了具备独立思考和判断的能力之外，还要有与持有各种文化和价值观的人们共同推进工作的能力。据说美国的教育体系虽然在提高大部分人口的平均能力方面没有成效，但在培养这种高级人才方面取得了成功，而且这些高级人才成为美国的国际核心竞争力之一(Reich，1991，第18章)。

可以说，虽然日本在部分制造业具有竞争力，但在这种高级白领阶层的人才培养方面处于弱势。而且在全球化的社会中，这并不是通过商学院培养特殊白领阶层就能解决的问题，有必要提高普通大学毕业生的整体能力。

第二节　高等教育普及化的冲击

如上所述，20世纪特别是第二次世界大战后高等教育的规模扩张是当时经济发展以及以此作为基础的国家福利政策的一环。高等教育成为获得中产阶级生活水平的重要手段。为了均等地提供这种机会，高等教育持续扩张，使得高等教育的升学率上升，高等教育已不再是给予特定人群的特权，只要有需求谁都能接受。美国的高等教育研究者马丁·特罗(Martin Trow)把这种高等教育发展阶段称之为普及化阶段(喜多村，1986)。

这种预想不到的结果打通了大学的升学关卡，从而使中学丧失了培养学生具有一定学业能力的重要动力。而且日本并不是通过福利国家政策有意图地进入普及化阶段的。如前所述，大学教育被认定为进入近代工作部门的入口，升学率在短期内急剧上升，为应对这种情况大学不断扩大招生，但随后18岁人口急剧减少，可以说普及化状态是通过这种外在因素的影响而突然发生的。

高等教育普及化大大改变了大学教育所处的环境,最为直接的后果是大学升学对学生学业能力的激励实际已不存在,进入了所谓"大学全入"时代。这意味着升入大学等于持有一定学业能力这一高等教育的功能已经失效。这迫使大学致力于增添大学的附加价值。

同时,"大学全入"还意味着未必能保证以往作为大学教育前提的学业能力和学习积极性。虽然一部分名牌大学依然进行严格选拔,仍能保障学生具有一定的学业能力水准,不过即使是在这种大学里所有学生的学业能力程度也并非一致。在大多数大学里,以往的教育方式已不再起作用。最近的调查结果显示:大半的高中生在家里几乎不学习,单看升入大学的学生,几乎不学习的学生占到三成左右。[①] 也就是说,问题不在学生学业能力的高低,而是学生没有养成学习习惯就进入了大学。

此外,随着高等教育在社会中所起作用的扩大,对大学教育的财政制约也越发严厉。显而易见,随着高等教育升学者的增加,所需的社会成本就会增大,其负担就变得更加沉重。而且随着人口的老龄化,政府其他领域的财政需求也在增大,因此大幅度扩大政府对高等教育的支出是很困难的。另一方面,从家庭情况来考虑,因为父母工资收入涨幅不大,而且还要准备养老的储蓄,所以难以承受巨额的子女教育费用。

总之,对于高等教育作为社会或个人投资是否具有重要意义的追究是理所当然的,大学必须承担向社会解释这种意义的责任。

第三节　青年期的蜕变

更重要的问题是社会的价值观以及行为方式的变化大大改变了年轻人的精神状态。现在的年轻人仅仅具有脆弱的未来展望和浅薄的人生体验。其结果是大学升学者的特性正从序章中所叙述的"确定选择型"转化为"暂定选择型"。

随着福利国家的发展,高等教育一旦进入普及化阶段,少年期结束阶段的选择就未必会成为迫切的要求。基本上任何人都可以接受到大学教育,并且升大学反而成为普通的选择,已没有必要寻找理由说服自己。

---

① 根据东京大学大学经营政策研究中心的《全国高中生调查》(2005,2006),四年制大学的升学者中,高三时在家里完全不学习的学生占22%。另一方面,学习时间在3小时以上的学生占50%(http://daikei.p.u-tokyo.ac.jp/)。

另一方面，如前所述的社会信息化和知识化使各种职业的内涵变得难以理解，并且职业本身也在流动。而且在大学阶段的选择会开创出何种未来，变得越发不明确。即使做出一定选择，其依据也是极为薄弱的。

与此同时，在现代社会中学校逐渐全面地承担起以往家庭所肩负的教育功能。而且不仅在正规的学校，就连在为升学设置的私塾、或者各种领域的教育也都制约着儿童的时间。在这种情况下，儿童不是通过直接体验社会和自然，而是在学校等教育机关和组织这一人为的空间里，通过教育课程和教育程序学到知识和技能的。从这种意义上说，现代人在少年期中，丧失了直接体验自然和社会的机会。

其结果是现代大学生在进入大学时，对未来的选择愈加迷茫，愈加没有信心，而对自然和社会的直接体验则变得越来越少。换言之，在入学者看来，大学教育只不过是从小学开始的教育阶段的延续。然而大学一方则把大学教育构想成与中小学阶段性质极为不同的教育时期。

此外，大学入学后，升学者必须在短短四年的时间里面对一生中最为激烈且没有连续性的就业。在日本，因为求职者间的竞争激烈，所以这一过程实际从大学三年级的时候就已开始。以前大学毕业生劳动市场通过大学划分开来，学生个人被制约在这一框架之内，事先有一定把握才会就业。可是 20 世纪 90 年代以后，大学毕业生劳动市场的框架变得薄弱，每个学生尽最大的可能从众多的信息中选择工作岗位。

很多学生都必须以上述的脆弱的未来展望和浅薄的体验作为基础度过这一关键时刻。好多学生在这一过程中落伍，这种现象有其客观必然性(大久保，2002)。现在大学毕业生中无业者比率达到三成以上。很明显其主要原因之一是劳动力市场中大学毕业生正规雇佣需求的停滞。另一方面，因这种理由自动退出劳动力市场的学生也很多。即便在就业过程中敷衍了事地找到了工作，但工作后一年内离职的人员达到 15%，三年内离职的人达到 35%。①

第四节　大学教育的课题：目的、过程和机制

这么一考虑，很明显不得不重新探讨至今为止的大学教育。

---

① 厚生劳动省根据 2003 年雇佣保险中投保者的记录所推算出的结果。http：//www. wakamononingenryoku. jp/situation/

第一，必须重新考虑大学的教育目的。在如前所述的产业结构转化中，以往的职业以及它所要求的知识技能都在蜕变。另一方面，“通过迫使学生接受学术性知识，自然形成职业能力”的说法在社会中已不再具有说服力。现在，要求大学教育积极培养知识能力，并要把大学的这种能力明确显示出来。

第二，必须重新探讨学习目标和教育过程。不仅是升入大学的学生的学科知识，就连他们的生涯选择以及经历等方面也出现了很大变化。而且在知识爆炸式的增长中，激发学生的学习兴趣也变得困难。应慎重考虑如何才能把这种新的条件和前述的目的结合起来。

第三，必须重新考虑如何建立促使大学能够永久产生上述这种变化的机制。

在以下第五章、第六章和第七章等三章中，将详细考察以上三个问题。

第五章　职业能力、核心能力和教养

16 世纪医学专业的学生

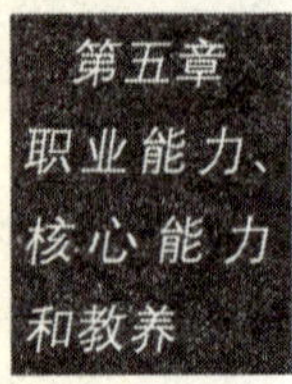

进入 21 世纪后，大学教育的目的该如何定位才能符合社会和时代发展的需要？首先通过两个基本模式的对比来分析大学教育和职业之间的关系，之后再用“核心能力”这一概念解析大学教育的一般目的，最后探讨教养教育所具有的现代意义。

第一节　大学教育和职业之间的关系——两个基本模式

首先就职业和大学教育之间的关系，用古典的“职业知识模式”和日本特有的“日本模式”进行对比分析。

一、职业知识模式

如前所述大学教育的最原始的功能就在于为就业做准备，其后大学为就业做准备的学科逐渐增多。而且在高等教育即将进入普及化阶段的现在，施行直接有利于就业的教育的大学很多。可是贯彻实用性教育果真能开拓大学教育的未来吗？

为了分析这一问题，可把大学的就业准备教育与工作中所需能力之间的关系归纳成以下概念图（图 5－1）。这里我们姑且把它称为传统的职业知识模式。

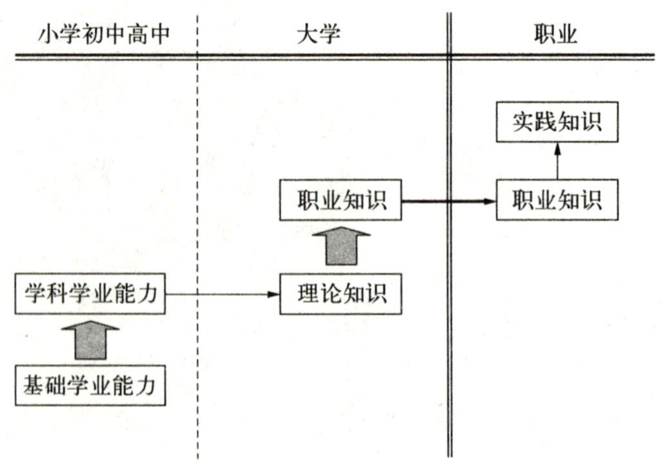

图 5－1　大学与职业的衔接：(1) 职业知识模式

在这种模式中，在小学到高中阶段先形成基础学力，并且这些基础学力被编入各个教学科目中逐渐教授学生高层次内容，使学生在高中毕业阶段具有所有学科上的学业能力。大学教育在此基础上积累与未来职业相关的理论性知识，并且教给学生有关工作所需的具体职业相关知识。而学生毕业后，以这些职业知识作为资本，在实际工作当中掌握实践性知识和技能（工作岗位技能）。

上述这种模式把从初等教育、中等教育、大学教育到工作岗位的流动过程描述得井然有序。而且如果能得知社会所需要的职业以及该职业所需要的知识技能，那么，应有多少年轻人学习哪个专业领域的知识也变得明确。所以说职业知识教育应该成为合理的社会和教育计划的基础。在法国革命后的教育体系以及社会主义国家的教育体系中，这种思想发挥了很大的作用。通过彻底贯彻这种思想，使社会和大学教育之间关系变得更为合理的想法到现在还具有很大的影响力。可是现在这种模式特别是在学士教育课程中面临着很大的矛盾。

第一，这种模式正常发挥作用的领域是有限的。在医学和法学或者与其关联的领域中，国家控制的职业执照制度明确定义职业知识，由此把职业与大学教育衔接起来。而且因为严格控制合格人数，所以能保证持有资格证书者与专业的关系。可是这样的领域从数量上看为数不多。

再者，伴随着产业化而迅速发展的工学、农学，因为产业技术本身持续不断地变化，而且持续多样化，所以没能形成严格的资格证书制度。而且服务部门的劳动需求内容极为丰富，因此它与相关的社会科学领域中的教学内容的对应关系不得不变得模糊。在产业结构不断变化的现实当中，职业训练变得越特殊，将来与劳动需求不相吻合的可能性就越大。

第二，在很多领域里，明确定义工作所需的知识是很难的。要想让职业知识转化为大学的课程，必须把工作岗位上实际所需的多种具体的、具有实践性的工作岗位技能逻辑地体系化为职业知识，不过这在现实中极为困难。

第三，随着知识的高度专门化，职业知识的内容也大幅度增多。如法学、医学等只有获取有限的职业执照才有资格从业，教育效果是通过明确学习动机和学习目标来保证的。可是因为医学以及与其相关的自然科学知识迅速膨胀，或者在法学中现代社会的各种利害关系变得极为复杂，所以，相关理论知识和职业知识的数量也飞速扩大。强迫学生掌握所有这些知识不仅很困难，而且可能会阻碍他们掌握工作岗位上实际所需的职业技能。同样的情况在其他领域中也能看到。从这个意义上讲,大学想教给学生所有职业知识的愿望实现起来很困难。

二、日本模式

与上述职业知识模式相比,日本社会则构建了独有的大学教育和职业之间的关系。这里我们姑且称之为"日本模式"。把这一模式用概念图表示出来就如图 5-2。

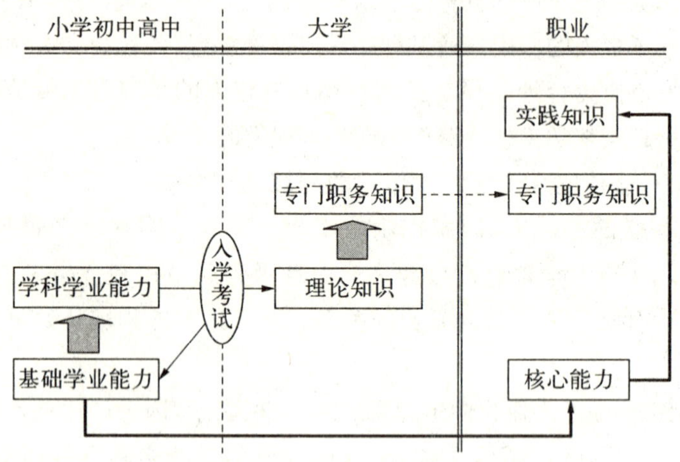

图 5-2　大学与职业的衔接:(2) 日本模式

在这张图中,入学考试在初、中等教育和大学教育之间的连接上发挥着极大的作用。因此从初等及中等教育发展到大学教育的理论知识、职业知识并不需要大学作出什么努力。通过这种大学入学的关口能形成基础学业能力,而且大学间的选拔有着显著的差距,因此通过其考上的大学就能判断出该学生所拥有的基础学业能力水平。企业在录用大学毕业生时,与其说是看重在大学所学的知识,还不如说是看重是否具有这种基础学业能力。企业把这些基础学业能力作为基础,教授工作岗位上所需的职业知识。分配到具体工作岗位后,在工作当中掌握其职务所需的技能(工作岗位技能)。而且通过定期体验各个工作岗位来掌握有关企业整体的知识,并形成有关技能。

这种职业能力的形成一方面是由终生雇用制度来支撑,另一方面还对日本企业特有的企业团体效率的提高有极大的作用。工作人员普遍共有一定的工作岗位知识,而且因为体验多种工作岗位,所以能形成广泛使用的知识图。这种形式的技能形成未必是有逻辑地整理出来的，不过正因为这样，基础学业能力对技能的形成有着很大的意义。

再者，前述的日本大学中非正式组织学习经历对企业中的技能形成有促进作用也是事实。从这个意义上讲，日本的教育体系为日本式企业生产的效率提高起了一定的作用。同时这也表明日本企业之所以不能具体列举出对大学毕业生的技能要求是有其理由的。

企业经营者、媒体所提到的大学教育无用论应放在这种思路中加以考虑。大学所教的理论知识或者职业知识之所以在企业中起不了直接作用，是因为企业根本就不需要这些知识。而且企业通过强调大学教育无用来强化自己在劳动力市场中的地位。这使年轻人的工资被控制在较低水平，特别是抑制了理工科大学毕业生的工资上涨。其实大学教育无用论也在支撑着这种工资体系。

三、日本模式的瓦解

可是现在拥有上述这种功能的日本模式开始走向瓦解。其原因主要有以下几个方面：

第一，社会的知识化，这也是最主要的原因。在日本模式中，工作岗位技能的形成有明确的目标规定，而且有关技术处于连续发展阶段时，它才会有效地发挥作用。可是当产业结构不断变化，而且必须通过以往的经历取得非连续性发展时，其功能就会丧失。

第二，即使把知识技能看作比以往更甚的提高生产效率的核心，也不能把它认定为不需要明示的事物。如果说知识技能的形成是企业的重要课题，那么，企业就应该明确构建其体系，并进行评估。而且劳动力市场的流动更加增强了这种必要性。

第三，大学入学考试作为日本模式的基础，其鉴别大学生知识能力以及筛选的功能正在逐渐弱化。除一部分选拔性高的大学以外，大学入学考试已经不能保证学生的基础学业能力。另一方面，年轻人投入社会或工作中的动机也正变得薄弱。如前所述大学毕业新职员中三年内辞掉工作的比例达到三成以上。可以说融入组织当中才能形成知识技能的日本模式伴随着某种令人恐慌的窒息感，而且促使该模式形成的社会价值观现在逐渐变得脆弱。

综上所述，一方面，因为古典的职业知识模式不能适应现实所要求的知识技能，另一方面因为日本模式的存在基础——即选拔体系——作为基础能力检验的机制及其功能变得脆弱，而且通过经历所积蓄下来的知识体系在职业流动当中失去其有效性，因此职业知识模式和日本模式都已不能适应现代社会变化的要求。社会要求探讨应由何种模式取而代之的问题。

第二节　核心能力与大学教育

核心能力包括逻辑、传达和意志等三方面的基础能力。从上述观点看，虽然不能把这些能力有逻辑地、有系统地表现出来，不过有必要把在工作中发挥重要作用的能力以某种形式规范化，并有意识地培养出这种能力。

针对这种想法所发展起来的就是"核心能力"（competence 或 competency）的概念。与理论性知识相对应，意味着人的职业能力、生活能力的这一词汇，在经营学、心理学和教育学中常被使用。但是核心能力这一词所包含的意义有两种。[①]

第一，核心能力并不是指逻辑化和体系化的知识，而是指在具体工作岗位中通过对应各种状况所掌握的一连串的具体知识和技能。在经营学中，从这种意义上使用这一词的较多。它相当于前述的"工作岗位技能"。

第二种意义是指作为逻辑化和体系化知识基础的一连串知识、态度和想法等基础性能力（姑且称之为"基础能力"）。可以说日本模式的特征就是把这种基础能力与大学入学考试准备过程中所形成的能力之间存在的高相关度作为基础的。

不过问题是，这里所说的基础能力具体都包括哪些内容？应如何形成这种能力？这种想法是在年轻人的"雇佣可能性"（employability）成为重要政策课题的美国首先出现的（Oiblinger and Verville，1998. p. 75；Business-Higher Education Forum，1999）。在日本泡沫经济崩溃以后，随着年轻人的雇佣成为问题也开始使用"人间力"或"社会人基础能力"等单词（内阁府，2003；经济产业省，2006）。经济产业省《有关社会人基

---

① 关于核心能力，在美国是从经营学方面议论的。而在欧洲则从高等教育与职业教育/资格证书的关系方面议论的（譬如 Ni jhof and Streumer eds.，1998），也有关于初、中等教育的议论（譬如 Rychen and Salganik，2001）。

础能力的研究会》的研究报告书中把社会人基础能力定义为如下几个方面：

前进的能力(行动)——主体性、影响力、实践力

深入思考的能力(思考)——发现问题能力、计划能力、创造力

融入团队的能力(合作精神)——信息传达能力、倾听力、柔软性、把握情况能力、纪律性、精神调控能力

除了这些以外还有很多有关核心能力的分类(taxonomy)，不过议论各个定义的是非没有很大意义。因为很多定义都把能力设想成很抽象的东西，并不具有实质性。也可以说虽然从直观上似乎很有说服力，但作为分析概念其内涵是极为模糊的。更具有讽刺意味的是，社会人基础能力中所包含的各项能力只是把理想的人格特性罗列出来罢了。如果这种能力是先天的或由家庭背景等能决定的话，那它也就只不过是使既存社会阶层正当化的手段而已。

不过即便是这样，我认为分几个范畴来整理基础能力对考虑大学教育有着重要意义。以下将分三个系统整理基础能力。

第一种是“逻辑方面”的诸多能力。也可以说它是批判地理解既成想法，合乎逻辑地推进自己思考的基本框架。第二种是“传达方面”的诸多能力。也就是用言辞建立与社会、他人的关系，传达自己的思想和理解他人的想法。保持人际关系也属于广义上的传达方面的能力。第三种是“意志方面”的诸多能力，支配行动的意志以及对社会、自然和人的兴趣也包含在其中。也可以把自我调控能力理解为广义上的意志方面能力。但问题在于如何形成这种意义上的基础能力。

如果从这种观点重新考虑大学教育的话，虽然把传授专业学术领域的知识作为直接目标，但在其过程中把这种基础能力的形成定为重要课题也是有可能的。

实际上，以往的大学教育理念中体现出这种想法的例子并不少。譬如：在法学院中培养“法学思维”(legal mind)，在工程学院中培养工程师的思维等，在这种教育目标中所设定的能力与这里所说的基础能力很相近。但在以往的大学教育中，可能这种能力不是通过正规教育，而是通过社团活动、志愿活动和社会实践等培养出来的，即大学只承担一部分这种能力的培养功能。

在这种意义上，使用核心能力的概念勾画出大学教育与职业之间关系的就是图 5-3。

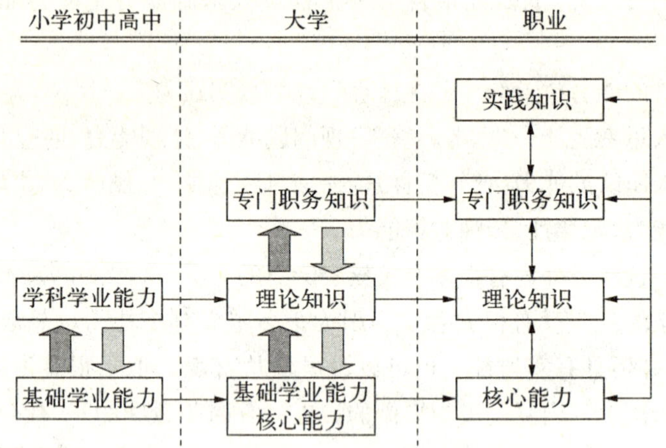

图 5－3　大学与职业的衔接：(3) 综合模式

这个模型有三大特征。第一，明确指出应通过初等、中等教育以及大学教育形成基础学业能力以及基础能力。并且这种基础能力将成为工作能力的基础。第二，基础学业能力并不是先天或自然形成的，而是通过在小学初中高中和大学中掌握学科知识和理论知识形成的。基础学业能力不但要成为学科能力的基础，而且必须在教学过程中有意识地培养这些能力。第三，在大学里所掌握的基础能力、理论知识、专业知识都会转化为工作中所需的知识，并且以这些能力作为基础形成工作岗位技能。问题在于该如何实现这种模式。

第三节　重新审视教养教育的价值

一、基础能力与教养

培养核心能力的同时必须要考虑的是，把各种个别能力和技能单纯集合起来也不会成为基础能力。

比如，前述的社会人基础能力的诸多因素确实是职业人所理应具有的积极和理想的特征，但这只不过是选取作为一个有人格的个人所具有的功能特性的一部分。如果这些特征在个体人格中没有连贯起来的话，那各个特性不但发挥不了其作用，也不会持续发展。而且没有这种连贯性，人格就无法进行高层次的判断以及革新。

如果是这样，那么在考虑基础能力时，就不能忽视各个基础能力的因素是以自我连贯性为中心构成的这一事实。这种基础能力用图显示的话，如图 5-4。

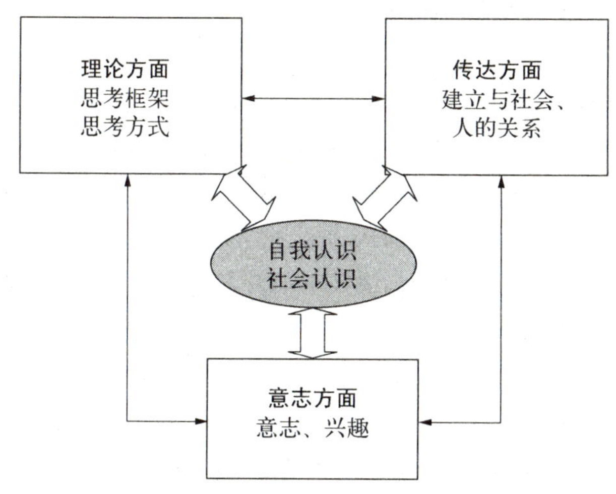

图 5-4　核心能力的结构图

从这种观点来考虑，成为问题中心的就是“教养”的作用。如前所述，大学中的教养教育和大学一样源远流长，在历史发展过程中也有过多种多样的解释和误解。

二战后，在日本它是作为与专业教育相对应的“通识教育”使用的，并从培养人文、社会、自然等宽广视野的意义来理解的。反过来说，教养是不能具有某种焦点的。

而且通识教育被认为是在与社会和职业完全隔离的空间中进行的。很多担任通识教育课程的人文社会方面的大学教师有着后现代主义倾向，这不是偶然结果。

但是本来意义上的博雅教育(liberal arts)作为目标的不正是培养这里所说的基础能力和整合这些能力的逻辑吗？特别是古典主义的博雅教育，可以说它是以古典作为基础，有意识地进行与逻辑构造相对峙的逻辑训练(逻辑方面基础能力的获取)，通过其过程中的对话掌握人际交流的礼节(传达方面)，并且通过这些诱导出对知识的积极性和兴趣(意志方面)。而且作为古典的希腊和罗马思想，特别是西塞罗(Marcus Tullius Cicero)集大成的民主主义思想成为盎格鲁·撒克逊社会中的核心价值观，形成自我连贯性的框架，并被社会所共有。让前述的少年期中没体验过这一过程的，而且正处于危机中的年轻人体验这一过程，这本身有着很大的意义。

二、如何构建日本的“教养”

在日本并不是没有过类似的教养教育。二战前，一方面德国唯心论哲学、保持东方传统的精神修养主义、脱俗的主知主义等混淆在一起的“教养主义”影响着青年人。另一方面，出于对社会的关心，马克思主义从有关社会的逻辑看法以及与此相对应的主体作用的视点形成了又一个主轴。可是这两个价值体系不仅互相对立，而且两者都根本成为不了整合个人人格的价值体系。如果遵从教养主义，那社会生活与个人生活不得不完全分离开来。如果遵从马克思主义，那社会变革就应成为个人行动的中心。

而且作为基础能力来看，这些思想明显缺乏传达方面的能力。也可以说它具有显著的思辨性、封闭性和自我陶醉性。这种价值观的对立结构在战后日本也基本上持续着。可以说 20 世纪 60 年代末期的“大学纷争”表现出这种分裂达到了极致。

户坂润从这种视点出发，尖锐地批判静态的或者说静观的教养，并主张应把教养作为能动的、不断发展的“关心、意志和思想体系”来使用(户坂，1996)。

但总之，迄今为止的日本大学很少将日本式的教养系统化。二战前的教养主义虽然是在旧制高中这一与社会隔离的空间形成的，但这并不意味着作为教育课程形成了教养。二战后，通识教育也没响应这种要求。成为其基础的是学生运动、社团活动和研究室等非正式学生集体活动，或者是每个学生的读书和思考活动。

可是这种非正规形式的教养教育的基础逐渐开始衰退(竹内，2003)，形成日本年轻人人格核心的价值观体系变得极为脆弱。我觉得似乎这与断断续续呈现的邪教以及前述的长期性的年轻人意志薄弱化趋势联系在一起。从这个意义上说，我们应思考如何构建日本所固有的教养教育体系。

三、通过专业教育进行教养教育

从此种意义出发，现在大学面临着重新构建成何种形式的教养教育的问题。

针对这一问题，德雷索(Paul L. Dressel)等主张专业教育具有作为教养教育的意义(Dressel, 1982；有本，1988；绢川，2006)。博耶(Ernest L. Boyer)认为大学教育的发展方向应提倡“扩张性专业”(enriched major)(Boyer, 1988, p. 110)。所谓扩张性专业，是指用广阔的视野定位各个专业科目，包括能够赋之以明确意义的教育内容的专业科目。

可是德雷索等的说法只是从表面上议论专业教育，叙述它能转化为教养教育的可能性，并没有明确指出这种意义上的专业教育怎样才能实现。而且博耶的说法也并没有抽象地整理出来，他所谓的教养教育可以说实际上意味着鸟瞰整个专业领域的概论性质的科目。

从这种意义讲，一方面通过专业教育形成上述各种基础能力，另一方面，构建作为对应社会、人类和自然的自我定位体系，如何具体形成这种契机将成为今后的课题，这不单是在教育课程的科目排列中如何构成“教养科目”问题。[1] 更为重要的是，在目前所有专业科目中开始培养上述意义的“教养”的功能。为此有必要综合地设计各科目的授课目标、授课方式以及学生的学习方法等。

下一章将从这种视点考虑具体的改革方向。

---

① 矢野(2005)，通过对工学系毕业生的调查，指出在校期间的读书习惯等积极的学习活动给大学教育的效果带来极大的影响。在这里也能看出，积极性等“教养”比起所积蓄下来的知识数量更为重要这一事实。

第六章　大学教育力量的形成和强化

十六世纪大学的校长

一方面，大学教育的周围环境发生了变化(第四章)，另一方面又面临着需要完成的新课题(第五章)。为了应对这双重变化，大学教育必须进行怎样的改革才能顺应时代潮流呢？我们溯本求源，回到大学生学习和成长的问题上，具体讨论大学教育发生变化的可能性。

第一节　大学教育力量产生的基础

一、主体性参加和深入体验的获得

大学教育影响能够发生作用的基础是，为了让大学教育中产生顺应时代潮流的变化，我们不能把学生的自我认识和社会认识看作固定不变的东西，而必须把他们看作学生大学学习期间动态变化的事物。其中处于中心地位的是学生对大学教育的主体性参加、参加过程中所获得的深刻体验以及这些事物所激发的全新的学习兴趣和学习积极性之间的循环。下面，我们尝试把这个循环放入具体大学教育(教学)过程的功能之中进行分析(图 6－1)。

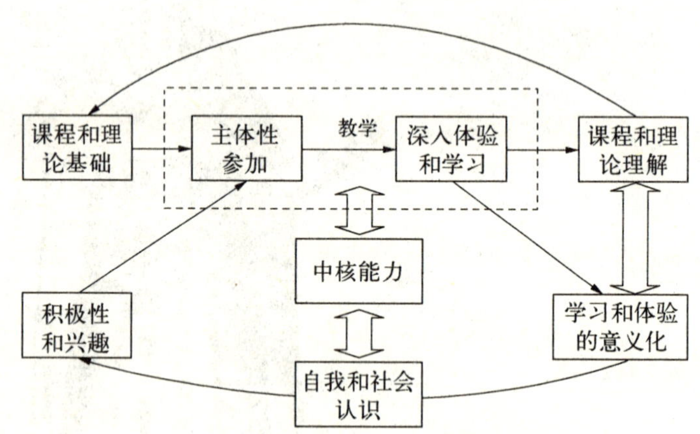

图 6－1　学习和成长的循环

毫无疑问，具体的教学过程就是学生在理解了某一领域以前所积累的知识和理论的基础上，参加到教学过程中去，经过学习，在教学过程中进一步获得新的知识和对知识理解的过程。如果一个教学过程是两学分，那么可以说整个大学教育就是由这两个学分的过程经过 60 次或 70 次的反复而组成。但是这个过程并不是随意进行的，不用说，课程(curriculum)的重要作用就是把这个过程从基础和初级阶段引导到专业领域的基础阶段并进一步引导到专业阶段。

另外，和教学过程相平行，学生必须获得基本能力，同时着力于发展自己的自我认识和社会认识。也就是说，这个过程并不仅仅是获得单纯体系化的知识和理解，而且是在形成基础能力的同时，通过自身的体验赋予所获得的知识以意义。其结果是自我认识和社会认识的形成。如果说学生社团活动和志愿者活动等获得的体验不以知识为媒介就能直接和中核能力以及自我认识和社会认识相联接，那么教学就是通过把学习经验变成对自身有意义的东西而形成自我认识和社会认识。

如前所述，从各种学生调查的结果来看，学生把教学放在什么样的位置，直接影响他们是否对教学做出积极评价，是否可能会带来较高的教学效果。这说明基础能力和积极性是产生更高的主体性学习参与和更深体验的先决条件。在这个意义上，教学培养学生的基础能力和积极性，基础能力和积极性通过教学能够孕育出更高的基础能力和积极性，这样的一个循环的顺利进行就成为大学教育影响力的中轴。①

但这并不仅仅是意味着在教学过程初期，把学生的兴趣和积极性向着一定的方向强化和特别化。如果换个角度，可以说强烈的自我认识和社会认识这种东西只不过是过分的想当然。如前所述，通过把自己的自我认识和社会认识与不同的观点相对峙，进一步深入思考，然后形成更为稳固的自我认识和社会认识是青年时代的重要课题。或者说，指明发展的各种可能性，并把确立自我认识和社会认识的机会给予自我和社会认识薄弱的学生当然也是大学的重要功能。在这个意义上，要求对上述学习的循环周期进行有效组合。

二、如何建构学习框架

不过，迄今为止，大学教育中主体性参与和深刻体验的重要性并不是没有得到认识。如前所述，在洪堡理念中，强调通过给予学生学习自由，让学生不得不在孤独中直面学术事实，正是这样做才使学生提高了伦理性。换句话说，通过对学术思考的主体性参与和深刻体验提高个体的自我认识和社会认识的理论基础蕴含在洪堡理念的深处。但是在洪堡理念中，如果仅仅设想通过给予大学生这样的机会，那么上述教学过

---

① 从这个角度来分析教育实践的有新村(2006)的研究，请参考。

程就会自动出现。然而现实的客观世界未必如此。

同时，人们常说大学学习期间，社团活动、志愿者活动和勤工助学活动的经验即使将来踏入社会也会有用，之所以有这种观点的存在，是否是因为存在着一种不言自明的社会共识，认为正是在这种活动中主体性参加和深入体验存在，这反过来具有在实际生活中固定社会需要的基础能力并进一步具有固定自我认识和社会认识的效果呢？但是，正因为这是结果如此的一种事实，而不是仅仅具有可能性的事实，另外，这种经验的形成和学术知识没有任何关系，因此没有对之进行理论发展的空间。因此，就要求大学教育有意识的实现上述图 6－1 所表示的循环。

那么，如果要求大学更好地发挥这种功能需要什么先决条件呢？第一，在大学的四年间，如何把这个过程作为一个整体进行组合，引导学生学习。这就是上述的如何设计学习框架的问题。第二，在个别的具体教学过程中，如何形成主体性参与、深入体验和基础能力。在这里，具体教学中的教育实践成为关键点。第三，如何进行教学激发学生学习的动机。而且，如何通过教学过程，不仅掌握和理解学术知识，而且固定基础能力，在此基础上进一步固定自我认识和社会认识。以下就对这三点进一步具体分析。

第二节　教育力量强化的战略选择

一、教育和学习框架的再构筑

在大学教育的周围环境发生巨大变化的情况下，现在的本科教育课程维持原状是否合适就成为基本问题。作为改革的具体方向主要有：（一）综合化和流动化；（二）体系化和标准化；（三）动机形成和意义化。第三点在本节的第二部分里分析，这里仅仅针对前两点展开论述。

（一）综合化和流动化

如前所述（第四章），在日本的大学里，本科阶段的教育课程和美国的同类教育课程相比，其显著特征是从入学开始就细分为各个不同的专业领域，这个教育和学习的框架一直保持到学生毕业。这个学习和教育的框架不仅细分到学部（相当于我国的学院——译者注）层次，细分到学部中的学系(相当于我国的系——译者注)或者说专攻和课程(相当于我国的专业——译者注)层次的也不少见。这种结构不仅使不同专攻和课程的入学考试分数不同,而且阻碍学生在不同教学框架中的流动。更重要的是在这种教学框架结构的背后,与其说存在着教育需要的理论不如说大学作为组织和有关学术专业的理论作为基础。尤其是在研究型大学,教师希望大学教育的早期阶段就确保研究生阶段生源的心理也在其中起着重要作用。

而且,从 1991 年开始,高等教育设置基准大纲化,由于对大学实施一般教育(相当于我国的公共课教育——译者注)的政策要求放松,出现了一个具有讽刺意味的现象,那就是很多国立大学把以前一直实行的本科前两年一般教育的框架给废除了。另一方面,在一部分私立大学中,为了吸引学生,建立了适应特定职业的以进行特殊职业教育为目的的专业课程体系。这样,其结果可以说是学习框架变得更为细小、封闭的倾向越来越强。

这种学习框架的特征是学生在入学之前就对大学毕业后的就业去向具有明确的认识,它也许对那些正好适应这种学习框架的学生具有很好的教育效果,而且,能够在学生中间形成对小集团的归属感,同学之间很容易获得道德上的互相支持。事实上,在这样的集团中间,在毕业论文的写作和研究上都能收到很好的教育效果。

但是如前所述,能够在大学入学之前就具体选择自己毕业后的就业去向,然后进入相应的专业领域学习的学生毕竟还是少数,因此必须从积极的一面重新审视学生在大学读书期间对所学专业的不断选择和变换。而且虽然因某种理由选择了某种专业,但是毕业后的工作和所学专业无关的情况也很多。

从学生成长的角度来看,可以说在入学时不让他们决定具体的专业,或者说让他们在学习中间有可能变换专业的改革方向是应该得到认真考虑的时代到来了。从现实出发分析,具体有以下几个改革方向值得考虑。

第一种方式是把入学阶段的划分纲要化。在进入大学学习之后进行专业选择。这种形式已经在几个大学实行。比如,东京大学在入学时把专业分为文科 1 类、文科 2 类、文科 3 类、理科 1 类、理科 2 类和理科 3 类等六类进行招生,入学一年半之后再选择比较具体的专业去学习。但是在这种方式中,一方面转专业的学生名额事前决定,受到严格控制,另一方面,对于学生来说,因为存在着热门专业和冷门专业,所以必须通过考试,按照成绩选择专业。所以,从长远观点来看,必须找到以学术发展为背景的教育供给方的观点和来自学生的需要方的观点之间的某种妥协点。

第二种方式是超越学部和学系界限的所选课程都作为本科教育课程的一部分予以承认。当前的现实是,在学生所属的学部和学系,学习必修课之外,把学生在其他学部和学系所选的课程在全部需要学分的四分之一程度内予以承认的大学也不少。但是,实际上,学生到其他学部和学系选课的比例很少,可以说制度上仅仅把它作为提高学生学习兴趣的一种手段而予以默认。记载课程名称、课程内容的简单介绍和选修条件等的课程目录几乎全是以学部为单位制作的。把全校的课程目录统一起来公布,颁发到全校学生手里的大学非常少,这可以说是这种方式流于形式的明证之一。而且,把专业课程分为初步导入、基础理论和专业学习等阶段,并符号代码化也有利于学生选课。必须下工夫把其他学部的课程积极地纳入本学部的课程体系中来。

(二) 体系化和标准化

体系化和标准化的第一个方向是在本科阶段推进教育课程的整理和体系化。如上所述,特别是在研究型大学里,在本科教育的后期,和研究生阶段的教育组织体系相对应,分化成非常细小的教育组织,把学生分配到各个组织中去,具体的教学内容也分得非常细致。①

和美国的大学相比,能够得到的结论是成为专业教育基础的帮助学生理解知识的科目太少。这种现象背后可以说存在着这样一种认识,那就是让学生通过直接接触高度专业化的知识,从而掌握和获得本科教育阶段的共通教育所蕴含的精神。但是实际上这种方法未必能称得上取得了预期的教育效果。专业领域所要求的共同的知识如何定义?如果要让人们理解这种共同知识的定义,那么就需要对什么是必要的这一问题进行真正意义上的研究和讨论。这对图 6-1 所示的知识的意义化具有非常重要的作用。

在现实中,从 20 世纪 90 年代开始,在理科专业中,朝着这个方向进行改革的实例不少。但是如前所述,知识的细分化是日本高等教育的结

① "我曾经到美国大学中留学过一年,如果把美国大学的教学和东京大学的作一比较,就会发现,教师对待教学的热心程度、教学的生动有趣、实践性以及教学结束时留给下一节课开始时的衔接方法等,都是美国的大学要好一些。(……)日本大学的缺点在于,让学生每周上 10 至 15 节课,每一个具体教学过程的分量非常小。像美国那样可供选修的课程太少,正因为这样,一个科目每周可能需要上五小时的课。这样反而容易落后。"(东大调查,p. 189)

构使然，克服这个缺陷仍然是将来需要完成的课题之一。

第二个方向是实现教学过程的教员的时间、辅助人员、教科书等教学过程的投入资源的再配置。

特别是外语、社会科学中的基础科目以及理科中的物理、生物、化学等专业基础课，这些课的特点是，虽然其学习目标被明确规定，但是在这些课的教学过程中，所传授的知识和技能未必能够引起学生对这些课的学术上的兴趣。而且，随着高中阶段必修学分的减少和大学升学考试的变化，在大学中强化这些科目的教学就成为重要课题。这些科目的对象是大批学生，但是由于教员人数的限制，就产生了一个教员不得不同时教授很多学生的问题。当然，仅仅是小班教学未必就能够产生较好的教学效果。

如前所述，美国的本科阶段的教学也曾经面临着同样的课题，但是通过传统的个别教学，更值得一提的是通过本科阶段教育课程的重新编制而解决了这个问题。特别是自然科学中的基础科目，1970 年以后，以下各种教学形式明显普及开来。① 教学在能够容纳 200—400 人的大教室里进行，通过信息技术器械来增强教学的可视性。② 与此同时，把这些学生分为几个学生集团，在其他时间由助教进行辅导，帮助学生解答难题和撰写研究报告。③ 教科书采用和教学内容相对应的统一教材，同时建立和教学相适应的网站，通过网站进行教学内容和课题的确认和提交等(宇田川，2007；铃木、细川、小野寺，2007)

重要之处在于，乍一看这和强调学生主体性参与的趋势背道而驰，但事实上却存在着促进学生主体性参与的可能性。小笠原(2007)介绍了美国大学中基础科学的事例，美国的理科基础教育从 1980 年以后发生了巨大转变，据说这种转变给教育效果带来了重要影响。人们常常指出，虽然日本的学生在设定的问题情境中能够解答预设的问题，但是美国学生对概念的基本理解却非常彻底，在使用语言对概念进行说明的能力方面占优。

在日本，教学的系统化和标准化的尝试已经在很多大规模大学的理科基础学科和语言学科进行，[①]但这并没有被普遍推广开来。

---

① 北海道大学所进行的改革尝试请参考小笠原的研究成果(2007)。东京大学在生命科学领域里使用标准的生物学教科书进行了改革实践(东京大学生命科学研究会，2007)。而且，在英语学科里，教学改革出现了两种趋势，一种是沿用传统的小班教学模式，另一种是采用标准形式的自编教科书加上视听资料采用大班上课的形式。虽然改革的目标是通过这种大班教学的模式以实现小班教学，但是其后的调查结果出乎意料，学生对大班教学的评价很高，而对小班教学的评价未必很高。这说明，即使在语言学习这样传统的小班教学的领域内，在一定的教学设计之下，大班教学也能产生很好的教学效果。

无论如何，这些改革尝试告诉我们的重要一点是有必要根据学生的学习能力、志向和教学目标对各种教学手段进行大胆的重新组合。这并不是仅仅教师有了这样的意识就能实现的事，包括组织管理、财政和人事管理等方面也需要改革，对此我们下面进行分析。

二、教学方法和教学内容

如前所述，在迄今为止的日本大学教育中，存在着两种对立的思想：一种是想控制学生的学习过程，另一种是尊重学生的自主性。但是从现代大学教育所需要解决的问题出发，强化控制和支持学生自主性的发挥两个方面都需要。

（一）学习的控制

如前所述，日本高等教育的基本特征就是以尊重学生主体性为其暗含的前提，所以控制学习的意图和手段非常薄弱。特别是在和美国的大学教育相比较时，这种特点更为突出。因此可以说在美国如何导入教育是一个重要课题。实际上，有关大学教育的日本大学审议会和中央教育审议会的本科课程教育首先是把控制功能的强化作为中轴的。

在这一点上，尤其重要的是上述美国出现的增强大学教育控制功能的各种“小道具”。记载教学的达成目标、讲义的内容和日程、获得学分的条件、参考文献等的授课大纲（syllabus），强调研究生在教学过程中的辅助作用、学生指导、考卷批改等的助教（teacher assistant）制度从20世纪90年代开始引进日本的大学并被普及开来。

另外，毫无疑问，伴随着学分获得的学习成绩评价也是一个重要的学习控制手段。如前所述，一方面日本的大学倾向于进行非常专门的专业教育，另一方面却没有明确必要的学分获得的标准，因此在学习成绩评价上也缺乏严格性。中央教育审议会等要求对大学生进行严格的成绩管理，这些已经对大学教育产生影响。同时，在一部分大学中，试行根据严格的成绩标准计算每一个学生的平均分数（grade point average，GPA），如果学生成绩没有达到一定的水准，学校将向学生本人或家长提出警告。同时与此相适应，采取班主任制以强化对学生情况掌握的例子也不少。当然，如何充分利用这些小道具仍然存在着一些尚未解决的问题。

但是教育中控制的必要本质并不在于此。重要的应该是教师要掌握学生的学习状况，而且教师和学生之间应该具有密切的关系。在教学过程中，要保证教师和学生之间的互相提问和回答正是从这个观点提出的要求。而且，学生通过写论文和考试等形式表达自己的观点，教师对这种表达的评价也是一种重要手段。

在这个方面，教育信息技术能够发挥巨大作用。通过网上传送教学内容等人们常常提起的非传统教学形式实际上还存在着很大的技术上的限制。在这里重要之点在于和教学相对应的网站和电子邮件成为把握学生学习进度，促进教师和学生之间、或者学生之间密切交流的工具。另外，这种工具因可以打包(package)而迅速普及，有可能影响到很多教师的教学方法。

(二) 形成自主学习的基础

另一方面，成为迄今为止日本大学教育形式前提的学生基础学力和学习态度也在不断下降，与此相对应的改革也非常重要。为此，人们已经进行了各种形式的改革尝试。在这一点上，最基本的做法是对缺乏进入大学学习所必需基础知识的学生实行大学预科教育即补偿教育(remedial education)。在高等教育大众化迅速出现的美国，补偿教育已经有了很长的历史。在日本，由于高中阶段教育的多样化，升学考试的必考科目减少，迄今为止的大学教育所需要的学力基础开始逐渐崩溃。特别是在理科类的学部中，很多大学让学生在入学前或入学后学习一些高中阶段未学习的课程。

更要命的问题是学生的学习动机未必很强，在高中阶段没有形成自主学习习惯的学生也能够升入大学学习。把这样的学生放入教育机构对学生学习过程控制很少的大学校园里危险性很大。为此，为了让学生从高中阶段向大学阶段平稳过渡有必要实行大学入学导入教育。在日本，很多大学也以集训等形式开展“新生讲座”(fresh man seminar)(滨名，2003)。

同时，很多大学在一年级和二年级的大学课程中设立了对大学学习方法进行指导的有关科目。而且提倡在具体的教学过程中要对学生进行学习方法的指导。

为了提高学习动机，要求大学采取各种各样的应对措施。比如，在第一学年，通过年级班主任制增强教师和学生之间的密切联系的做法被广泛采用。并且以那些学习上感觉有问题的学生为对象进行学习咨询的活动也很多。另外,在20世纪90年代的美国大学校园里还有一种普及形式,那就是进行作文指导的"读写诊所"(reading and writing clinic)。

(三) 双向化和参与型学习

显而易见,在教学过程中,教学方积极地激发学习方的兴趣和参与是最基本和最重要的,因此,问题就是如何吸引学生参与到教学中去。

从这一点来看,对于一直主张教授为中心的美国高等教育来说,从20世纪90年代开始,主体学习(active learning)和参与学习(engagement in learning)就作为教育改革的中心概念常常为人所津津乐道(Hativa, 2000)。这一事实发人深省,表明仅仅依靠成绩评价等外在的强制手段未必能够提高教育效果。

为此,最终的手段应该是实现教师和学生的双向交流,如前所述,历史上的优秀高等教育都是建立在教师和学生对话的基础上的。这也可以说是复兴英国大学中的教学方式,而讲课的形式成为大学教育的主流则是应对学生增加的具有经济效率的手段。美国法学和商学专业研究生院的教育特征是即使在50—100人的中等规模的课堂上,教师和学生之间也进行比较紧密的对话。可是要实现这一点就要求教师有高超的教学技术,需要他们经常进行这方面的积累(Christersen, 1991)。

三、激发动机和意义化

重新构筑学习框架的第三个方面是如何把作为学习目标的知识获得和探求的过程这两个教学的侧面有机统一起来。在洪堡型教育模式中,虽然重视学术探求这一侧面,但在学习的具体的达成目标上却不甚明确。

(一) 学习目的的明确化

从这个方面来说,日本高等教育改革的方向之一就是明确本科课程全体的到达目标和具体教学的达成目标。前者在中央教育审议会的改革会议上得到强调,随着大学设置基准的改变要求各个大学把其教育目标明文化应该说也是出于对日本本科教育现状的反省而做出的决定。

但是关键之处在于使学生通过把现在的学习和自己的将来联系起来而明确现在学习的具体目标和意义。如前所述，特别是自然科学领域，在知识大爆炸的今天，基础知识和学术前沿之间的距离越来越大，这成为各个年级学习的障碍。从这个角度出发，为了从整体上把握整个学术领域，人们尝试采用俯瞰式教学等多种形式的教学改革。同时，为了给予学生对大学学习和毕业后生活之间关系一定的感性认识，采取派学生到企业中实习等方式，从而给予学生一些工作经验的大学也很多。有些大学走得更远，设立了专门以职业生活为教育内容的职业教育课。

当然，在每一门具体的教学课程中，明示该教学的意义也具有重要的意义。因此从这个角度来看，前述的课程目录可以认为不仅具有预告教学内容的作用，而且具有向学生明示学习到达目标的意义。同时，这个目标不仅是学术领域的专门知识和到达阶梯，其中也包括要形成某种基础能力。

在明确目的的同时，这些改革也具有使学生确认自己到达程度的意义。每一位学生的学习发展记录袋(portfolio)记录了他大学四年来获得了怎样的知识。大学有组织地制作学习文件包并保管起来，以作为教师指导学生学习的依据和让学生自觉其学习意义的手段。①

(二) 激发和诱导探求

对于那些没有固定答案的问题，显然学生自己探索答案不仅具有深化学习效果的意义而且其探索的经验可以形成重要的中核能力。这里的教育课题就在于如何激发他们对知识的探求，而且把这种探求引导到形成有效的经验上去。

沿着这个方向的课程改革常常使用的手段之一是各种“主题型教学”。特别是在第一学年，不集中于特定的学术领域，而是针对社会和自然现象中的实际问题，由各个领域的教师进行授课。通过这种方式让学生学习各种具体问题和学会对问题的探究态度具有非常重要的意义。

作为教学形式之一的参与性教学或者小组教学等形式也可以说是把小组的力量引导到探求过程中，然后通过学生之间的相互印证，把学

---

① 可参阅金泽工业大学的改革事例。金泽工业大学的改革事例见以下网页。
http://www.kitnet.jp/kyoiku/acroknow1.shmtl.

生集团的力量引导到一定方向去的手段。在这种教学形式中，探求并不仅仅以探求过程的结束而告终，还通过把探求的结果撰写成探求报告并发表，而成为形成中核能力的一种手段。

从这一点来看，毕业论文、研究和实验等具有非常巨大的意义。[①] 如前所述，日本大学的特征是在很多专业领域里最后一年要求学生写论文和做实验，而且通过包括学生在内的集体的力量来指导和支援学生写论文和做实验。但是这种机制如果要发挥作用，在到达最后学年之前，需要教给学生一定的基础知识。如果这个前提没有，那么这种机制的功能就值得怀疑了。在这个意义上，就要求在大学四年里一直坚持进行探求性教学。

具有重要意义的还有一点就是学生的海外体验。虽然日本的大学生到海外进行短期语言学习和旅行的并不少见，但把它作为大学教育课程的一部分来实施还非常难。据美国 1984 年的调查结果，美国大学生的 10%、文理学院学生的 17% 有过海外留学经验（Boyer，1988，p. 230），其中的大部分是通过大学间的学术交流协定把海外留学有机编入本大学的课程体系之中。这种形式的留学就需要使这种留学形式成为可能的相应教育组织。

第三节　教育改革手段的清单

以上所述的各种教育改革手段，从教育、学习的志向性和其他诸多侧面（课程、教学方法、教学支援组织）等角度可以整理成表 6－1 的形式。这样看来，已经有很多手段被尝试用于大学教育改革，对多样化的教育改革实践给以财政支持的日本文部科学省项目“优秀教育实践”(good practice)也取得了一定成果。

不过，这仅仅是可能利用的教育改革手段的清单，对于具体大学来说，没有必要把所有的方法都吸收进去，也不可能采用所有的方法。作为大学的具体战略课题应该是在大学设定的目标范围之内，为了提高教育效果，选择适宜的手段或者说方法组合，然后顺利实现自己的选择。

---

① “在大学四年之间，实际感到使自己的能力获得增长的是毕业论文和四年级的实验。（……）这样的学习也可能没有‘体系’，但是我觉得通过这种方式获得的知识今后绝不可能会忘记，我感觉它们已经渗透到我的身体里面。”（东大调查，p. 85）

当然，在设定这些战略的同时，也意味着让这些手段成为可能的条件必须同时存在。对此我们将在下述的第七章分析。

表 6－1　教育改革手段的清单

		课　程	教学实践	支援组织
学习框架	视野的扩大和成熟	● 入学时采取大分类 ● 辅修专业		● 所有学部的课程目录
	整理和体系化	● 基础知识单位(cluster) ● 每周两次课		
	标准化和体系化	● 教学的标准化、体系化 ● 教学科目的序号化	● 教学形式多样化 ● 分割	● 教科书 ● 教学支援 ● 助教、支援负责人
教学内容和方法	学习控制的强化	● 必修课	● TA ● 成绩评价的严格化	● GPA
	自主学习的支援	● 补偿教育科目 ● 新生讲座 ● 学习方法课	● 学习方法指导	● 学年班主任制 ● 学习咨询 ● 读写诊所 ● 学习图书馆 ● 信息技术支援
	双向性		● 对话型教学 ● 参加型学习 ● 小组学习和发表 ● 对学习报告和实验的专注度	● 教学网站
导入和意义化	学习目的的明确化	● 教学目的明文化 ● 俯瞰式教学 ● 根据目的选课的模式	● 教学大纲(syllabus) ● 教学目标的明文化	● 学习文件包 ● 职业咨询
	探求的经验和教学参加	● 主题性科目 ● 研究参加	● 毕业论文和毕业研究	● 图书馆和信息设施
	经验	● 服务学习 ● 职业教育和实习 ● 国际化		

第七章　大学教育力量的基础

16 世纪的考试情景

前述的大学教育影响的强化如何才能实现？毫无疑问，这和大学人的自觉和努力密切相关，但是大学教育力量的强化需要一定的组织基础。对此我们可以从大学组织的治理机构、监控(monitoring)和财政基础等三方面进行分析。

第一节　教育组织的治理结构

如前所述，Bok(2006)认为，大学教师个体基本上都是站在各自专业领域的体系内考虑问题，但是社会却从社会要求于大学的知识和技能这一角度出发考虑问题并和大学发生联系，两者之间存在着不一致，这就成为大学治理结构中的基本问题。大学管理的任务就是弥补两者之间的差距，换句话说，大学管理是调和两者关系和连接两者的媒介。

从这一点来看，如第三章所述，日本大学的基本特征如下，日本本科阶段的教育组织"学部"为不同的专业领域所分割，在有些领域更进一步为学系等下位组织所分割开来。从治理结构上来看，课程的编制、毕业认定等权力基本归属于学部的教授会。随着大学设置基准的改变，虽然教育目的的明确化成为可能，但是因为学部的管理框架仍然和过去一样，这样就产生了具有讽刺意味的结局，那就是教育目的进一步被限制到具体的专门领域。

但是，在现代社会中，学部教育的任务除去让学生获得专门领域的知识外，还有广泛意义上的教养获得和基础能力的养成。这样看来，上述治理结构的形式就具有很大的缺点。虽然各个学部都是各个专业领域的专家所组成的专家集团，但是对于广泛意义上的从事社会活动所需要的资质及其形成未必有特别独到的见识。因此，不如从大学和社会的关系上构筑大学组织，通过后述的监控等手段来设计大学组织的整体。

回过头来反思，日本的大学特别是国立大学拥有进行一般教养教育的组织。这里的一般教养一方面由于是被作为专门教育的准备阶段，另一方面由于和社会的要求之间存在着距离，如前所述其意义没有得到充分认识。但是从事一般教养教育的组织却没有为学部这一组织所分割，具有横向贯穿本科阶段教育的视点也是事实。但是随着 1991 年大学设置基准的大纲化，除一部分大学外，大部分大学中的教养教育组织被废除。为了弥补这一措施带来的负面影响，在大部分大学里设立了协调全校一般教育的诸如"大学教育中心"等的组织。但是，如果本科教育的基本权限如上所述在于学部，那么这类组织就基本上不可能具有独自的教育设想，在很多情况下也不可能发挥所期待的教育功能。

从这一点出发来看，当前需要的是作为大学全体的统治机构必须明确本科阶段教育的权限。为此，作为基础必须广泛听取社会各方的意见要求，同时，对于大学整体上综合起来让学生形成什么样的知识能力以及这些知识能力应该通过什么样的手段来形成等方面形成一定的方针，然后把学部这样的纵向分割的教育组织横向地贯通起来。

如第二章所述，在美国进行的主要大学教育改革，几乎都和著名大学校长个人的创新推动分不开。在现代美国大学中也要求大学校长对本科阶段的教育要有明确的方针。而且在治理结构上既有校长又有教务长，后者对大学教育负责(有时候前者翻译为“总长”，后者翻译为“学长”)。和美国相比，日本的大学中采取何种形式建立全校的教育责任体制就成为一个问题。

第二节　监控和改善据点

一、从多个角度测量大学教育的影响

如果大学想进行高质量的教育，那么毫无疑问就必须有意识地检查自己的教育功能，并把自己的教育功能调整到最佳状态。在这个意义上，大学进行系统的自我评价是大学教育力量强化的先决条件。而且对于具体的教学来说，由学生对教学进行评价也是教学改善的重要手段。从20世纪90年代开始，大学的自我评价很快开始普及，同时调查结果表明实行自我评价的大学也接近整体大学数量的一半。因此可以说，大学评价已经渗透到日本的大学之中。

不过，需要理解的是至今为止的自我评价和教学评价仅仅只是达到所需要的第一个阶段，而且这种评价具有重大缺陷。虽然教学评价基本上是以个别教学过程改善为目的的，但是一般是根据统一的形式进行的，因此并不能测量个体教学是否达到了应该达到的目标。学生的评价虽然具有一定的客观性，但是不同属性的学生其评价结果之间却具有很大差异。大多数大学整体的自我评价是从教师的角度来评价教育改善的努力，在分析学生对教学效果反应的时候，很多时候仅仅停留在测量学生的满意度上。

从这个角度来看，当前需要的是从多方面测量本科阶段的课程整体

上给了学生什么样的影响，换句话说就是教育效果的监控。而且在进行教育效果监控时重要的是不仅重视专门领域的知识技能如何获得，而且要重视基础能力如何形成。从这个角度出发，我们所说的教育效果监控必须能够判断前述的教育力量强化的菜单中哪些是必要的，如果其中有些已经在大学中得到实施，那么其实施程度如何，是否取得了效果。

进而言之，如果这个教育效果监控在多个大学实施，那么对教育制度的不同带来什么样的教学效果就能进行客观比较，换句话说，能够进行教育上的基准认定和排名(benchmarking)。毫无疑问，这在大学教育改善的方向设计中起着重大作用。进入 21 世纪之后，美国曾在多个大学进行学生学习状况的调查研究，其中之一是以俄亥俄大学为中心的大学共同体(consortium)，其中之二是覆盖所有加州大学校园的调查(山田编，2007)。

在日本，笔者所属的东京大学研究生院大学经营政策研究中心也对近百所大学进行了调查，虽然如何有效利用调查结果还是未来需要解决的一个课题，但是我们认为至少建立这样的研究基础非常必要。

二、教育改善的据点

对于大学教育质量的提高，最根本的不是别的，正是教师的自主努力和这种努力的组织化。教育质量具有多元性，而且教育质量改善的方法也具有多样性，在这种情况下，对教师进行的他律评价和随之而来的赏罚也仅仅具有限定性效果。

在我国，该问题的解决是被当作教师能力开发(faculty development，简称为 FD)的问题来看待的。但是不能否认，这种活动往往仅仅具有提高那些富有研究兴趣教师对教育关心的启蒙活动色彩。这就要求今后的改革必须超越这个界限，让普通教师把教育活动看作自己课题的一部分。

从这个视点出发的教育改革运动正在美国蓬勃开展，这就是教和学的学问(scholarship of teaching and learning)运动。这里的学问一词包含大学人共同体这样的意思在内。在研究上，大学人通过自己发表的学术成果得到评价，同时通过相互交流把自己的研究向前推进。在教育上把自己的教学实践显示给他人看，通过教学实践的交流，提高自己的教育能力。这样的运动意在提高教师的教育能力。这种实践尝试发端于卡耐基基金会援助设立的全国性组织卡耐基教学研究会(Carnegie Academy for the Scholarship of Teaching and Learning)，毫无疑问在具体的大学中又得到进一步发展。

该运动的指导者舒尔曼(Shulman)认为这个运动具有如下几个形式:① 不同学术领域的教师聚集起来。② 把研究生作为助教,为其提供教学训练的机会。③ 以教育信息技术为中心组织。④ 由对同一专业领域感兴趣的老师发起组织(Shulman, 2004)。

实际上,在美国的主要大学里,教育信息技术中心不仅承担普及教师队伍中的情报信息技术使用的重任,而且起着促使以改进教学的教师进修和自主交流为目的的信息网形成的作用(苑,2004)。信息技术具有将知识标准化和普及化的潜在能力,这能够成为教师交流网络形成的基础。重要的是不能仅仅把信息技术看作教育效率化的工具,而应该从上述观点来看待教育信息技术。

不管怎么说,上述事例都表明,教师有可能以某种机会为基础,以自主运动的形式,形成大学教学经验和教学评价交流的场所,并通过多种形式来组织这种交流。

第三节　教育力量形成的财政基础

第三方面的问题是财政基础。迄今为止对日本大学的批评从许多方面都可以归结于大学的努力不够这样一个论点上来。换句话说,只要大学努力,日本的大学教育就会变好。把市场原理的一部分引进到大学里,而且准备引进大学评价的观点其理论基础似乎就有下述构思,只要创造上述的竞争环境,那么在这样的竞争环境下可以不用增加资源投入就能提高大学经营的效率。

可是在上述大学教育改革的内容里可以看出,教育力量的强化实际上需要很多资源。从这一点回过头来看日本的大学,以战后的大众化为背景,学费保持在较低水平或者低费用文化对于日本的大学来说具有重要意义。如前所述,在这一点上对日本和美国的高等教育进行比较就具有重要的理论价值。

对于美国的高等教育来说,由于中等教育具有极大的多样性,入学后的基础学力培养或者如何实施"填鸭式教学"本来就是一个重要课题。进而由于 20 世纪 70 年代以后高等教育大众化和普及化的出现,在美国的大学里,学生自发学习和创造力的培养等教育改革得到尝试。教学的体系化需要教学辅导员和助教等多种多样的人才。为了让学生的自主学习能够顺利进行，不仅需要图书，还需要装备有信息技术设备的学习图书馆。如前所述，教育信息技术中心就在教师创建教育力量改善的信息网络中发挥重要作用。同时面向学习上有困难学生的咨询也有必要。当然，大学监控教育上的问题就需要相应的费用。

不用说这种高等教育质量的转换需要大量的经费。美国的大学和其他国家相比本来就进行过高额的高等教育投资，现在这种投资水准又有了上升。20 世纪 80 年代美国私立大学的生均年间费用为 4000 美元，到 90 年代已经上升为 1.2 万美元，到 2000 年更上升到 2 万美元。20 年间上升了 5 倍。这虽然有一部分教师工资的上升在其中起作用，但据说这些费用基本上用于教育高度化所带来的人员和设施。其结果是现在美国大学(含公立和私立)生均年间费用 2.5 万美元。日本大学的生均年间费用(以美元表示，通过购买力平价进行调整)约为 1.2 万美元，只不过是美国的一半。

那么，在其他发达国家，财政是如何支持高等教育质量的提高的？图 7-1 是根据 OECD 的统计数据绘制的。以人均 GDP(以美元表示，通过购买力平价进行调整)为横轴，大学的生均年间费用(以美元表示，通过购买力平价进行调整)为纵轴，绘出了 OECD 主要成员国所处的位置。从图 7-1 上可以看出：第一，大学生均年间费用低于 1 万美元的国家，其人均 GDP 也低的国家很多。第二，大学生均年间费用在 1 万至 1.5 万美元之间的国家有日本、德国、法国等，欧洲的很多国家都在里面。第三，大学生均年间费用超过 1.5 万美元的国家有瑞典、瑞士、加拿大和美国等，这些国家中人均 GDP 也很高的国家很多。

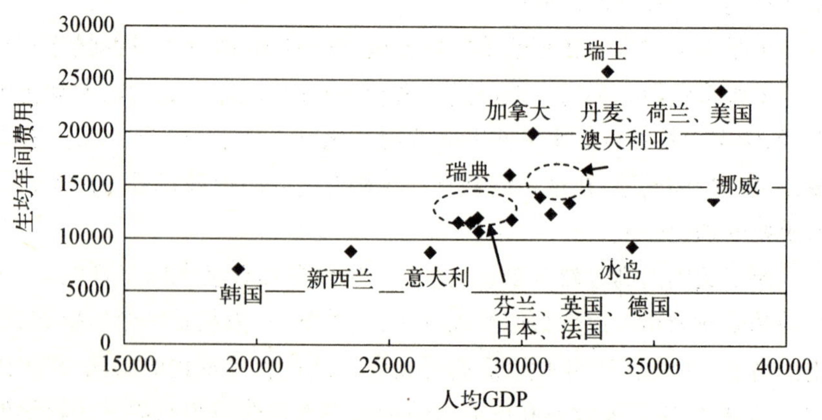

图 7-1　人均 GDP 和大学生均年间费用

这样看来至少可以得出以下几点结论：第一，在第三集团的国家中，没有出现为了实现新的经济飞速发展的需要而提高大学教育质量的现象。第二，在第二集团的国家中，由于某种历史的原因，很难进行提高高等教育质量的措施。比如在英、德、法等国，以福利国家的社会契约为历史背景而不寻求高等教育费用的私人负担，与此同时，高等教育急速进入大众化时代，为此不得不降低生均高等教育费用。但是其他各国为了走出这个困境，其政策正在发生巨大变化。在这个背景之下，日本采取怎样的政策，沿着怎样的道路前进就成为一个重要问题。

而且，如果保持现状，那么日本的大学费用就不仅仅是停滞不前，甚至于可能会越来越低。

如上所述，在以低费用为特色的高等教育体系中，首先能够保证一定教育水平的是国立大学。同时由于学费维持在较低的水平，这使国立大学的入学考试能够要求一定的科目。这样一来，国立大学实质上就承担了保证日本高等教育质量的重任。

但是国立大学法人化以来，面向国立大学的国库交付金（国家财政拨款——译者注）年年在减少。这样，那些规模相对较小的研究型大学为了应付研究上的激烈竞争就变得很难把资金投入到教育上。

与此相比，对于私立大学来说，一方面私立大学经费补助无法指望，另一方面因为 18 岁人口的减少，一般说来提高学费变得越来越困难，所以能够用于提高教育质量的财源实在不多。

在上述这样的宏观背景下，目前就很难出现致力于提高大学教育质量的高等学校领导人。

第四节　有利于教育质量改善的社会机制

众所周知，从促进日本经济发展的观点出发，教育再生会议、经济财政咨询会议和各种经济团体对高等教育改革提出过各种各样的建议。这些建议的共同之处在于，一方面认为高等教育政府投资的减少是不可避免的客观现实，另一方面主张通过对成果的评价进行有选择的和集中的财政分配方式。这些改革建议背后的理论是认为改革能够助长大学之间的竞争，从而带来资源利用的效率化。而且事实上这些改革主张得到了来自社会的一定程度的支持。这是日本的社会各界人士从自己的经验出发，即缺乏从大学教育中得到有效影响的实际感受，同时把这归因于大学没有很好地进行教育的反映。大学必须真诚地接受对其过去存在形式的强烈批判。

但是如前所述，日本高等教育的教学质量低下的原因不是别的，正是其低费用结构和该结构所形成的社会文化带来的后果。这种低费用结构不加以改变而只是仅仅导入竞争性资源分配机制的做法能否带来教育质量的提高非常令人怀疑。市场竞争在对一定性质的产品以更低的价格进行生产上具有激励作用，但是在生产和现有产品不同的物质上其功能受到限制。特别是对质量难以直接评价，而且其功能具有长期性的高等教育这样的产品生产更是如此。

实际上，上述的美国大学教育质量的高度化，是建立在大学独特的理念基础上的，而且以个人和企业家的捐赠作为大学的基本财产，以此为财政基础而开展的。在这个过程中，名牌大学推进教育质量的高度化，促进了大学之间的竞争，事实上又使学费进一步升高成为可能。但是竞争这个东西不是产生革新的基础。

对研究来说也是这样。确实，一般来看，研究活动水平高的大学同样的投资似乎生产性要高。但是这时候在研究资金上已经存在着激烈的竞争，所以有人认为向一部分的研究者进行追加投资未必能够提高他们的生产力。另外，也必须注意到下述这一点，正是在一定范围内进行研究活动才形成了研究活动其全体长期活性化的基础。如果对大学的财政拨款过度依靠短期的研究成果评价，这不仅让长期研究的生产性陷于危险之中，也可能成为提高教育质量的障碍。

不管如何，为了实现现代日本高等教育质量转换的重任，让评价和市场竞争具有一定的价值，有必要以某种形式确保提高大学自律活动的财政基础。

第五节　作为社会整体投资的高等教育

如上文所说，日本社会要结束战后的发展结构，创造面向 21 世纪的新的经济社会，很明显，必须提高社会对高等教育的投资水准。在这个意义上，高等教育支出就成为社会新发展的机制的中核部分，应该被视作一种重要的社会投资。美国高等教育的投资(包含政府和私人投资)约占 GDP 的 2.3%，而日本只有约 1.2%。这样，在面向国际化和知识社会化的投资上，美国和日本之间的比例就是 2∶1。

那么，如何通过扩大高等教育投资从而扩大面向未来的投资呢？在这一点上，以前议论的焦点多放在扩大政府投资上。但是众所周知，日本政府的高等教育财政支出占 GDP 的比值不到 0.5%，和其他发达国家相比非常低，另一方面日本的财政赤字也很高。在这种情况下，要使政府的高等教育支出飞速提高事实上也有困难。在这样的逻辑之中，有关高等教育财政的议论也就陷入了无法进展的状态。

我并没有走出这个困境的好方案，但是这里我想说的是，如果说高等教育支出是有利于社会全体发展的投资，那么就必须由社会全体负担。对未来进行投资的责任并不仅仅限于政府，由民间的储蓄进行投资也并没有什么不合道理的地方。实际上，认真看一看 20 世纪 80 年代以来美国高等教育的结构就会明白，来自民间金融市场的资金在高等教育发展中起着非常重要的作用。虽然准确的规模尚不明确，但是如果没有学费的增加和政府/民间助学贷款的增加，就不可能有当时高等教育的发展。

回过头来看日本经济的宏观结构。虽然政府部门确实总是拥有巨大的财政赤字，但是民间的储蓄却在不断增加。而且由于在国内找不到投资的地方，而投资于海外。2005 年，以证券投资为中心的海外资产多达 42 兆日元。这是日本社会投资于高等教育 5 兆日元的 8 倍。这样我们不难描绘出这样一幅具有讽刺意味的图画，日本人的储蓄投资于美国，美国则把这些钱用于国家助学贷款。为了让日本人的储蓄投资于日本的知识生产，可能就需要建立某种社会机制。

但这种思路是让民间的投资接替政府支出应该履行的职责。如前所述，为了促使大学教育质量有一个飞速的提高，就需要不要求直接经济回报的资金用于高等教育。在这一点上，政府对高等教育的财政支持具有重要的作用。有必要把民间资金和政府资金有效结合起来，战略性地使用公共资金投资于高等教育。

这样说来，目前日本高等教育财政需要一个战略思维的转变。一方面，各个大学，通过脱离以前的低费用结构，提高高等教育质量；另一方面，日本全体的高等教育投资不仅对国民经济全体，而且对个人的发展也具有长期的积极意义。这两点思维能否为社会全体所接受就成为日本高等教育成功走向未来与否的关键。

在这个意义上，孕育这样一种高等教育财政基础，使之培养出能够引导高质量大学教育产生的高等教育，是领导人不能回避的政策课题。

第六节　结论

上述分析表明，在现代社会结构急速转型的过程中，大学重新构筑其和社会之间的关系是大学教育力量强化的基本条件。但是仅仅这样做并不意味着大学就能够成为社会认为其有用的客观存在。上述分析还表明大学教育力量具有多种多样的侧面，这就要求进行多方面的综合努力。如果不把人类的能力想象得过分简单，那么，上述的单纯引入竞争原理和进行他律的评价就没有多大效果。而且能力的多方面发展正是现代社会所追求的东西。在这个意义上，提高大学教育质量只有大学通过和社会进行开放式对话而达到自主进行变革才能实现。

第八章　本科阶段课程改革的问题和对策

高考结果公布日日本东京大学赤门前的情景

如果说20世纪的后半期是高等教育规模的扩大时期，那么21世纪前期高等教育的主题就是质量革新。质量革新不仅仅是大学内部的问题，如同高等教育规模扩大是周围经济社会环境变化的一个侧面一样，质量革新也是周围经济社会变化对高等教育发展提出的要求。因此，有必要从更为广阔的视野出发来审视高等教育质量革新的课题，本章的意图就是如此。

本章第一节分析经济社会变化所引起的大学教育中的问题，以及对当前大学教育提出的改革要求。第二节分析上述变化的要求促使高等教育中出现了进行教育成果测量(outcome assessment)的压力。第三节把质量革新和教育成果测量的发展趋势置于社会变化和高等教育功能高度化的动态机制中进行分析，指出为实现上述目标进行教育过程监控的重要性。

第一节　社会和大学教育

高等教育质量成为重要的社会问题并不是最近才有的事情，但是最近高等教育质量重新成为重要的社会问题是因为经济社会自身处在一个转换的关键时期，在这个转换过程中，高等教育的质量如何成为这个转换能否成功的核心问题。

一、21世纪的社会和大学教育

大学教育很快成为社会改革的焦点并不仅仅是日本一个国家出现的现象，实际是OECD各个国家共同的特征。大学教育改革能够成为发达国家的基本特征(如图8-1)，主要有三个原因。

首先是高等教育的普及化。包括日本在内的OECD各国的高等教育入学率几乎都已经超过了50%，也就是说高等教育达到了普及化的程度。过分膨胀的高等教育规模自然需要大量的资源，这毫无疑问成为国民经济的负担。在这种情况下，高等教育制度整体的运行是否有效率成为一个众人关注的社会问题就一点也不奇怪了。人们追问大学教育究竟产生了什么样的结果，使用了什么样的社会资源。同时从社会整体来看，高等教育毕业生具备什么样的能力也成了问题之一。如果高等教育毕业生没有具备社会所要求的能力而从学校毕业，那么社会就浪费了大量的珍贵资源。

其次，世界的全球化以及由此而来的激烈的经济竞争。一般认为支撑国际经济竞争的是能够带来科学技术高度发展的研究工作者和技术工作者，但是对于国际竞争中的企业来说，仅仅这些人才发挥作用还远远不够，普通的白领和技术工人在国际竞争环境中也必须能发挥能力成为竞争力的重要基础。同时持续不断的产业变化要求维持和推进这些变化的能力。高等教育必须积极进行改革，贡献于上述能力的培养。

也有人批判迄今为止的高等教育在这个意义上并没有多大贡献。但是由于如下社会机制的存在弥补了高等教育的这个不足，通过大学入学考试区分学生的基本能力，大学教育成为基本能力的信号。被选拔出来的这些人才大学毕业后在企业内通过企业内教育得到训练。因此，虽然大学教育没有直接的效用，作为社会制度的“游戏”部分而被人们所接受，但是随着社会环境的变化，大学教育和职业能力之间的关系，换句话说大学教育的社会相关性（relevance）就成为人们不得不认真思考的问题。

第三，现代社会里青少年的价值观不断变化。作为过去半个多世纪经济发展的显著成果，家庭收入大幅度增加，以前支配社会行为的、围绕社会机会产生的竞争现在未必能够成为青少年的行为动机。另一方面，随着技术发展和产业结构的不断升级，具体工作的内容变得难于理解，人生的职业发展也不容易看清，这些都会减弱学生的学习欲望。基础学力的下降和理工科爱好者的减少只不过是其表现之一。

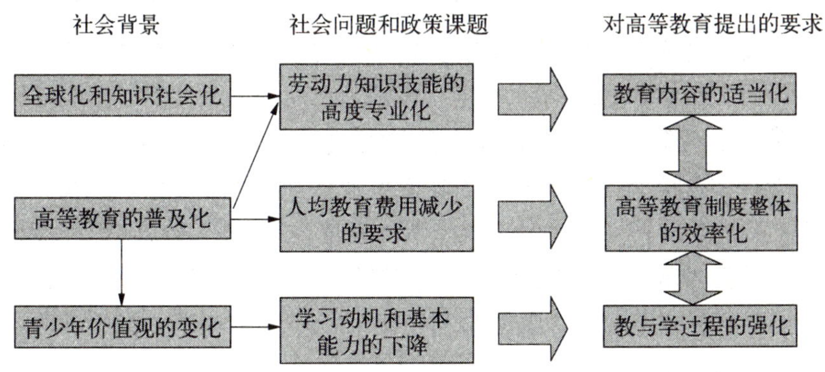

图 8－1　经济社会变化及其对高等教育提出的要求

如果把这样的青少年作为大学教育的对象，当然就不得不重新审视大学教育怎样才能实质性地提高教学效果。迄今为止的大学作为学术权威所在，虽说在提高教育质量上也付出了一定的努力，但是最终的学习效果如何却全部被认为是学生个人的责任。为此包括大学教育效果表现形式在内的诸多方面都被认为是当前大学需要努力的地方。

在这种情况下，社会就要求大学做到以下几个方面：① 保证效率和质量；② 确立和职业的密切关系；③ 提高教育在培养学生能力上的实效性。这三点都和大学教育的质量有关。换句话说，现代大学教育质量的问题不是抽象的质量问题而是上述三个具体方面的质量问题。不过这些问题在现实社会中的表现形式却未必以本文所描述的三个侧面表现出来。各种各样的社会主体从各自的立场出发来看待这个问题，把它作为一个社会问题来讨论或者说进行抗拒。

二、大学教育和职业社会的相关性

首先，社会向大学教育提出的要求是提高教育内容和职业社会的相关性。也就是说，在大学接受的教育如何才能对今后的职业和社会生活产生实际意义。在精英阶段的古典大学的形象中，大学教育一律被定义为高度的专门职业教育，认为大学教育和职业之间以专业领域为媒介应该紧密地结合在一起。第二次世界大战之后高等教育规模扩大的初期，日本政府采取了人力资源政策（man-power policy），其逻辑就是产业结构的变化引起职业结构的变化，从而引起不同专业领域的大学毕业生需求的扩大。其影响力之所以如此大，就是因为抓住了教育和职业之间的联系。但是 20 世纪六七十年代高等教育的大众化和其后的普及化却是教育制度自身发展需要所导致的结果。与此同时，产业结构和生产技术发生了巨大变化，专业教育和职业必需能力之间的关系变得复杂而多样化。从这个意义上说，高等教育普及化时代的到来使大学和教育之间的关系变得非常模糊。认为大学教育和职业能力之间的关系上存在问题的观点最先出自产业界也是理所当然的事情。20 世纪 50 年代，产业界对大学的要求基本是自然科学和工学领域高级人才的培养。20 世纪 60 年代的特征是讨论包括人文社会科学专业的毕业生在内的大学毕业生白领阶层的效率性问题。

在美国，20 世纪 80 年代制造业的生产能力和国际竞争能力被怀疑的同时，青年失业问题严重，这使大学教育和职业能力之间的关系成为重要的社会议题。首先，在高校毕业生的就业能力（employability）上，普遍被认为存在严重问题的是大学所传授的知识技能和劳动者所需要的知识技能之间存在着断裂。比如美国劳工部曾经进行过一个名为SCANS的科研项目，专门回答这个问题。他们试图用基本能力（competence）这个词来连接专业学习中获得的知识和职业能力。本来上述这些问题和思想主要是针对中学毕业生，但是慢慢就逐渐扩展到高等教育领域里。此后，基本能力（competence，generic skill）等概念开始出现，甚至也有把大学生的阅读理解能力（literacy）作为一个问题来研究的。

在欧洲，从20世纪90年代起，青少年失业成为严重的社会问题，在这种情况下，OECD开展了以定义和测量职业所需要的资质为中心的名为DeSeCo的开发研究项目。该项目认为和传统课程所传授的学科知识不同，能够应用于日常的职业和生活实践中的知识才是就业能力的基础所在。这本来是以成人为测试对象而开发的项目，但是最终却和中等教育中的国际比较研究项目PISA密切结合起来。

这种趋势在日本也有所表现。以中央政府的有关部门为中心从提高青年人的就业能力这一观点出发，对青少年应该具有的能力进行了深入探讨。在这些研究中，使用了“人间力”①或“社会生活基本能力”等词汇。具体说来，就是行动（action）能力（主体性、鼓动能力和实施能力）、思考力（thinking）（问题发现能力、计划能力和创造能力）、团队工作能力（teamwork）（自我主张能力、倾听别人主张能力、柔软性、状况把握能力和规律性）等。

不管怎么说，这些趋势中所表现出来的共同特征是认为在学校中传授的学科知识和实际职业中所需要的知识具有不同的性质，他们中间存在着一个连接物质，那就是核心能力（core competence）。同时，本来是针对中等教育的探讨慢慢就把高等教育也包括了进去。迄今为止对高等教育内容的探讨是完全建立在学术理论基础之上的，但是上述观点却是从不同的角度来看待大学教育内容这一问题的。

三、大学教育的效果

第二个侧面是大学教育的效果（effective）。毫无疑问在古典大学理念中，大学教育是高度的专门职业教育。在第二次世界大战之后，高等

① 从语言学上来分析，日语的“人间”一词有两个基本含义。一个是指人或者人类，另一个是指人的品格。但是，作为一个社会用语，它具有社会所承认的或所需要的正常的个体特征之意。——译者注

教育的主要问题也是在如何向学生传授快速发展和规模不断扩大的知识体系。虽然这是个重要问题，但是也不能否认这主要是从学术或者说教育者一方的立场出发所关心的问题。至于接受教育的学生却是被认为具有传统精英阶段的特征。在精英高等教育阶段，学生不仅需要经过很多关口的选拔才能到达高考这一阶段，而且在接受中等教育之前就接受了各方面的严格训练。同时，因为经受过如此严格的训练也就具备了接受大学教育所必需的克制和忍耐。加之对大学毕业后的工作前景也有比较明确的认识，学生能够积极主动学习。

但是随着高等教育的扩张和普及化阶段的到来，高校学生群体也在不断发生变化。简单说来，因为入学规模的扩张，对在遗传基础上而发展起来的智力的选拔程度也降低了。同时，更重要的是随着大学入学机会的扩大，学习成绩方面的入学标准降低，这使得中等教育阶段学生的学习动机下降。大学入学成为社会普遍行为使得高校新生对读大学的目的变得模糊。在这个意义上，大学生对接受大学教育的心理准备就降低了。

在这种情况下，教育一方和被教育一方之间产生了一条无法逾越的鸿沟。对大学教师依仗学术权威轻视教育的强烈批判早已有之，但是这并不能说明大学一方轻视教育。问题在于教师作为教学基础设想的学生的知识、能力和兴趣都已变得和以前不同，这使学生的学习现状出现了很多问题。

这种现状就让不管学生的实际情况如何应该严格教学和考试的论点有了市场。在美国有控制学生学习的传统，如果这种习惯能够严格维持下来，那么就会导致入学后大量退学现象的发生。可是，适应普及化阶段的大学教育制度却使退学后的学生能够很容易重新入学。其结果是美国的大学尤其是在入学考试选拔性比较低的公立大学中，退学现象急剧增加。另一方面，在欧洲和日本，由于传统上对学生的学习控制比较弱，因而难于设置严格的考试标准。特别是在日本由于私立大学比较多，严格的成绩标准从来没有被认真使用过。这就出现了以下情况，即使教师的教学水平很高但是学生所掌握的知识和技能水平却未必很高。

四、质量保障、效率和社会问责

第三点是高等教育整体制度都被要求切实保障大学毕业生的质量，以及对社会的说明责任（accountability）和有利于经济效率的提高。

高等教育的普及化意味着入学阶段通过入学考试保证大学生基本知识能力的措施已经没有了效果。同时由于学生流动性的增加，从入学到毕业究竟在大学校园内积累了什么样的学习经验也不能仅仅由一张大学毕业文凭来保证。这种形势如果进一步发展下去，大学生之间的能力必定出现多样性。本来学士学位制度的合法存在是学位作为一定知识能力指标在高等教育和劳动力市场的关系中自然形成的。如果大学毕业证书不能起到这种效用，那么雇用制度就会产生重大混乱，最终导致经济制度出现问题。为此需要建立新型的高等教育质量保障体系。

从宏观视点来看，如果把对高等教育支出看成是对将来经济发展的投资，那么这种对国民教育所进行的高等教育投资的效率就值得注意。在这个逻辑之下，随着高等教育入学率的普遍上升，高等教育投资的收益率自然会下降。如果经济持续高度增长，这不会成为社会问题，但是一旦经济整体发展陷入低谷，那么这就会立即成为人们关注的社会问题。同时，由于高等教育费用越来越成为家庭的巨大经济负担，对于实际负担费用的大学生而言，当然会追问大学教育带来了什么样的具体而实际的效果。大学一方有必要在这一方面提供详细而明确的信息，可以使消费者据此进行判断进而选择更为有效率的高等教育机构，从而提高高等教育制度的效率性。

在美国，上述的一连串的对高等教育质量的关心集中表现在社会问责这一概念中，在经济团体对高等教育的诸多要求中尤为明显。同时为了应对这种社会压力，高等教育有关的各类团体也在出版的报告中提出要确保自律性社会问责。

在日本，这样的要求体现在诸如经济财政咨询会议的议论中。

第二节　重视结果的价值取向及其中存在的问题

在上述社会经济大背景下，从 20 世纪 90 年代后期开始，在政府、实业界和高等教育团体中间就出现了重视高等教育结果的趋势。

一、重视结果的取向

重视结果的取向一般是指重视大学教育的成果是给予学生什么样

的知识和技能，并进而以此控制整个高等教育制度和具体大学行为的观点。换句话说，在上述大学教育实效性的问题上不是重视教育过程的输入而是重视教育过程的输出；在大学和社会相关性的要求上，深入到大学教育的具体内容；在质量保障和效率保障的问题上，通过对大学教育成果进行具体定义和测量，把他们和对整体高等教育制度及个体大学的控制联系起来。不同问题采取不同对应措施。

重视结果的取向其意图是通过导入大学外部的力量以提高以前一直由大学自主运营决定的高等教育的效率，其中最突出的特征与始自20世纪90年代的高等教育评估主义和市场化具有共性。但是，相对于具体内容未必明确的评估主义来说，重视结果的取向却是要深入定义和评价教育成果的具体内容。同时，相对于市场化寄希望通过在高等教育中导入竞争元素从而使制度的效率自动提高，重视结果的取向把教育成果测量和高等教育制度或者说大学的经营和控制有机结合起来。

如前所述，重视结果的趋势出现在20世纪90年代，其关键性和标志性事件是2005年美国联邦教育局设置了西潘林兹委员会(spellings[①] commission)。该委员会的主要任务是探讨高等教育费用增加和大学教育质量的改善。[②] 但是可以说两者之间存在着基本矛盾，而矛盾的解决只能依靠对教育结果的重视。

上述发展趋势在美国之外的其他国家出现，也是21世纪初世界高等教育发展的一个明显特征。日本2008年发表了中央教育审议会有关学士课程的答申，其中提出明确定义大学阶段应该培养的能力的必要性，而且建议探讨开发相应的测量方法。与此同时，OECD各国也从2008年开始了“高等教育中学习结果测量”这样的科研项目，其目标是开发测量大学教育成果的标准化测验并在部分成员国中进行试验。

二、以教育结果测量为目的的教育测验

重视结果价值取向的第一个基本特征不是和具体教学成绩相关联，而是通过统一的标准化成绩测验把大学生的学习成果数量化，从而把握大学的教育效果。从这一点来说，重视结果的价值取向和测量手段难以

---

① Spellings时任美国联邦教育局长。——译者注

② 虽然高等教育费用增加未必能够立即或带来相应的质量改善，但是质量改善必须建立在费用增加的基础上。——译者注

分开。迄今为止研究者提出的测量方法主要例子如下(表 8－1)。

第一要测量的是一般能力,换句话说就是要测量 competence 或者说 literacy 等能力。在美国,意在测量这种能力的历史传统源远流长,上述动向就是在这种历史环境中适应时代性而出现的新生事物。20 世纪 90 年代以后出现的大学生能力测量例子如表 8－1 所示。

表 8－1 学习成果测量的具体例子

测量类型	测 量 名 称	实施国家
一般能力	College Basic Academic Subject Examination (College BASE)	美 国
	Collegiate Assessment of Academic Proficiency (CAAP)	美 国
	Collegiate Learning Assessment (CLA)	美 国
	iSkills	美 国
	Measure of Academic Proficiency and Progress (MAPP)	美 国
	Standardized Assessment of Information Literacy Skills (SAILS)	美 国
	Workkeys	美 国
	Graduate Skills Assessment (GSA)	澳大利亚
学科成绩	Area Concentration Achievement Test (ACAT)	美 国
	Major Field Test (MFIs)	美 国
学习行为	National Survey of Student Engagement (NSSE)	美 国

资料来源:根据 Nueche "Assessment of Learning Outcomes In Higher Education: A Comparative Review of Selected Practices." OECD Education Working Paper No(15)2008. ETS—America's Perfect Storm: Three Forces Changing Our Nation's Future Kirsch, Braun, Yamamoto, & Sum, 2007 等作成。

其中的代表之一是 CLA(Collegiate Leaning Assessment)。这是在一定文章或数量数据的基础上,测量采取问答形式。问卷由受过训练的阅卷人员进行评阅,依据这个结果来评价学生的阅读理解能力、文字叙述能力和批判思维能力等。特别值得注意的是 CLA 不是在某一时点进行的测量,而是注重大学教育带给学生的附加价值(added value),因此需要在大学的第一学年和最终学年进行测量。同时与其说这种测验是考察个别学生的学习成绩不如说它是以高校整体学习成绩作为测量对象和目标。因为这种测验的人均费用比较高，所以一般一所大学抽取100人左右的样本实施。

第二种是测量不同学科的学习成绩水平。这类测验以ACT开发的各种考试为代表，而且也有开发研究生入学考试的专业机构，这些都能够用来进行这类目的的测量。OECD的高等教育学习结果评价委员会(AHELO)正在开发经济学和工学领域的测量工具。

第三种不是直接测量学习结果，而是通过大规模调查以把握学生的学习行为。严格说来，这一类不能归入学习成绩水平的测量，而应该归入后述的学习过程监控。这一类大多是在广义上议论通过测量来把握大学教育努力的结果，这样也算是学习成绩达成度评价的一种。代表例子是以印第安纳大学为中心从2000年开始实施的NSSE。该测量项目的参加大学逐年增加，到2008年共有774所大学参加。同时以研究型大学为中心由加利福尼亚大学的佰克利分校牵头的类似调查也在实施之中。

三、教育结果测量和控制功能之间的联系

那么，上述测量手段其主观用意何在？从美国的情况来看，主要分为三类。

第一，从广义的实现社会问责的立场出发，作为一般的信息公开手段使用。上述的西潘林兹委员会的最终报告书称，美国的高等教育为了能够对应时代要求，把学习成绩结果测量的数据库公开，让一般市民能够简单地得到其中的有关数据非常重要。为了应对这种时代要求，也存在着大学团体自主公开一定的测量结果的做法。全美高等教育管理中心(National Center for Higher Education Management, NCHEMS)在2001年以可比较的形式，以州为单位公开出版了高等学校的各种信息，其中也包括不同形式的学习效果测量的结果。美国州立大学协会(American Association of State Colleges and Universities, AASCU)和全美州立大学/赠地学院(National Association of State Universities and Land-grant Colleges, NASULC)开始了自愿建立社会问责机制(Voluntary System of Accountability Program, VSA)的运动。参加这个运动的大学必须建立有关学生及其父母的基本信息、学习行为信息、在校期间获得附加价值等三方面的数据库，数据库限制在五页之内，在

学校网页上公开。

第二，把上述测量结果和政府对高等学校的监督控制或者社会控制紧密结合起来。西潘林兹委员会对报告的审议过程深刻说明了这一点。审议初期发表的意见书认为，由于大学间学生的高流动性和高等院校自身意识的降低，作为美国高等教育质量保障制度体系核心的认证制度实际上失去了其应有的功能，为此应该建立全国性的评估机构，使用有关大学生学习成绩的标准测验进行评估认证。大学团体对此建议的激烈反应和强烈批判致使该部分内容在最终报告中没有能够出现。但是认证机构还是不断采取了一定的学习结果测验（包括过程评估）作为认证评估的基本条件。

同时，各州政府从 20 世纪 70 年代开始逐渐在编制州立大学的预算时，强化了考虑绩效进行拨款的政策。虽然作为根据的多是退学率和就业率等有明确外在形态的标准，但是也有一些州使用了学习成绩作为指标。但是学习成绩指标对州政府财政拨款的影响非常有限。

第三，学习成绩的测量结果被用于各个大学内部的教学改革工作。可以说这是这类成绩测验的最终目标。上述的西潘林兹委员会也强调这方面功能的重要性。但是这种形式的学习测量结果被有效利用的例子未必很多，下文会对其原因进行分析。

四、学习成绩测验措施中的问题

但是，实际上世人对这类学习成绩测验的批判非常严厉，来自大学内部的抵抗势力也不少。其结果是导入这类测验的例子未必顺利增加，其理由大致有以下几方面。

第一是测验内容本身的效度问题。特别是 CLA 等一般能力的测验，编制测验试卷的都是心理学方面的专家，在对能力进行专门研究的基础上制作的试卷。但是这不是建立在对大学教育基本内容具有广泛认识的基础之上制成的试卷。而且如上所述，其背景是由于雇用一方更注重一般能力而不是专门领域的知识技能。但是职业上所需要的能力是否就是这种测验所测量的能力呢？对此还有进一步商榷的余地。

至于学科领域的测验也是如此，对于各专业领域所认为的必需能力并没有广泛一致的观点。同时，现在的趋势是，和固定的知识技能相比，人们更要求在现实中发现问题、视之为可能解决的问题并寻找解决问题的方法这样的主体能动性和综合性态度。在短时间内仅仅是通过客观试题来测量这种基本态度的做法所存在的问题正是美国工程师协会(ABET)等专业领域认证所强调的地方。目前很难开发出能够克服上述缺陷的测验。

第二是测量的实施可能性和信度问题。和初等教育以及中等教育相比不同的是,在大学教育阶段让学生接受这样的测验必须存在某种形式的强制力或者动机刺激。实际上,相当多的大学在实施 CLA 抽样测验时,往往向样本学生支付一定的感谢费或给予感谢物。即使如此,也不能保证他们能够认真回答试卷的问题。也有人考虑过采取如果分数不能达到一定程度要给予惩罚的措施,但是如果实行这种方法就会促使大学在测验之前进行准备,这就会直接影响到大学教育内容本身。

第三节　建立综合的评价和控制机制

上述理论需要大学进行自律性改善,为此建立系统的监控和能够导致改革的反馈过程非常必要。但是具体说来是需要什么样的反馈过程。高等教育制度的改善是两方面的有机组合,一方面是教育功能的监控和评价,另一方面是在这个结果基础上朝向教育改善目标的现实的教育改革过程的控制(图 8 - 2)。观察和评价又可以从教与学两个侧面来考虑。也就是说投入教育中的人力和物质资源、具体教学等教学输入、教学以及和教学相对应的学习过程、作为教与学结果的学生获得的知识技能等学习成果。对高等教育制度的控制又可以从三个层次考虑。也就是说和具体教与学过程直接相关的大学及其内部组织,认证团体或者由大学自主结成的各种中间团体、政府和社会全体等三个层次。具体的反馈机制沿着这两个轴线进行,如果进一步具体分析就能分解成九个反馈的过程。

一、古典模式

在这个模式的机制中,传统的高等教育质量保证和改善机制处于如下的位置。

首先,对于个别大学来说,根据课程把教育目标分解成更为具体的教学过程,然后分配实现这些目标的人力和物质资源。要求个别教学过

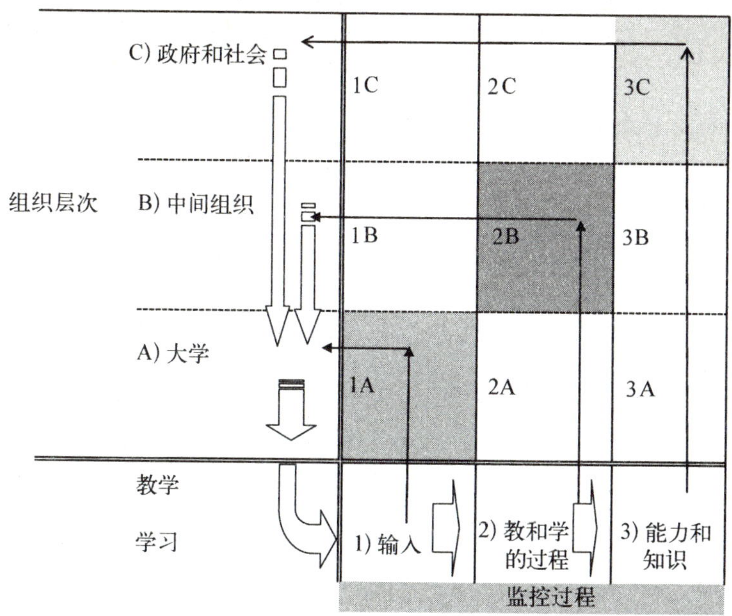

图 8－2　高等教育制度的反馈机制

程要实现这些目标(1A)。在洪堡的大学理念中，一般说来，教学不仅仅是向学生传授专业知识，而且是传授作为真理探究过程的研究体验从而陶冶学生的人格。因此教师本身和个人的教学过程很难分离，在这个意义上教学就是教师个人的私有财产。在大学里必须给予大学教师自由进行教学的权力。同时也必须给予学生自由学习的权力。在教和学两个侧面都赋予权力是大学的本质所在。

但是对于政府来说，如果赋予能够颁发学位的大学以完全自由进行教育的权力，那么作为社会整体就难以保证高等教育学位的质量。为此，在尊重大学自治原则的同时，为了维持水准，设置了具有外在物质形态的大学教育条件和组织体系等方面的一定标准。在日本体现在《大学设置基准上》。以这种形式政府能够对大学教育的输入维持一定程度的质量控制(1C)。

在美国，联邦政府不直接干涉大学的教育，而是由大学自主设置的大学团体发挥这种功能。通过这种形式，大学之间互相监督教育状况，如果符合团体的标准就给予大学该大学团体的加盟权。这种类型的高等教育质量保障制度就是认证评估制度。2000 年以后日本也开始采取通过认证制度强化质量保障的政策。但是在这种制度中，至少到现在为止，仅仅是大学教育的设施和课程等输入方面成为认证评估制度审查的对象。这样,可以说在大学和政府之间的中间组织以大学教育的输入为基准把大学教育控制起来(1B)。

总之,上述保障机制至少迄今为止的特点就是通过对设施、课程、教学等教育输入方面的控制企图保障和提高高等教育的质量。

二、重视结果模式

如此看来,第二节分析的一系列重视结果的趋势是源自对迄今为止的质量管理机制难于充分应对现代高等教育所处环境提出的要求的批判。首先,这种机制仅仅关注教育的输入,既不能得到为了应对学生变化所需的信息也不能得到为了应对社会需要能力变化所需的信息。而且由于大学自身缺乏让具体教学最优化的功能,不管是通过高等教育认证评估制度还是通过国家的设置认可制度的监督控制都没有深入到大学内部管理运营的能力。在这个意义上,高等教育质量标准的维持基本上委托给了具体的大学或者是大学有关人员,不可能向社会全体公开有关信息。为此,重视结果的趋势与其说是重视大学教育的质量,不如说是批判了大学教育质量保障体制的封闭性。

因此,结果重视模式不重视教学输入而重视教学成果,但不是说这意味着仅仅根据标准化的指标进行测量。首先,测量的结果如果反馈给大学就会成为大学内部教育功能控制的非常重要的依据(3A)。而且中间团体运用这个结果进行认证评估可以更好地发挥认证评估的功能(3B)。测量结果还能够和国家层次的设置认可功能直接结合起来,或者和政府的财政拨款功能间接联系,促进教育改革。与此同时,提供了学生大学升学选择能够依据的信息,能够促进大学之间的竞争和淘汰(3C)。在这个意义上,重视结果的模式容易产生政府或市场机构对大学教育过度控制的可能性。如果最初设想的机制能够如期发挥作用,那么这就会成为高等教育质量上的根本改革。

但是如果具体考察结果重视模式中所设想的基本机制就会对它实现的可能性产生诸多疑问。首先,如上所述,至少现在提议的结果测量方法其自身的效度、信度和实施可能性都还有很多无法解决的技术问题。而且,如果把重视结果模式放在高等教育质量保障制度的基本机制图中考察就会发现更多的问题。

如前所述,测量的内容未必得到社会或学术界的一致认可,而且从技术上来说，如果测量结果的数据具有一定程度的误差，那么在作为学位授予资格的判断标准或者政府财政拨款的基准时，从社会公正的角度考虑就难以接受。而且如果仅仅公布测量的数量，那么就把不同高等学校根据一个标准排列在一条线上。特别是考虑这种测量的结果和大学升学考试的分数具有相当大的关系，那么这种测量只不过起到现在根据考生的入学考试分数进行大学排名的功能。如果这种测量确实具有如此巨大的社会功能，那么有可能在实施时有人为因素介入。如果在测量中出现了某些人为介入因素，那么测量自身也就失去了客观性。

更重要的是测量结果并不能对大学内部的教育改革带来任何影响。尤其是CLA这样的测验在高度抽象的能力模型的基础上制作而成，因此测量结果的高低不能表示它是教育上某种原因所带来的结果。而且这种能力的发展受到个体学生个人特征和学习动机的很大影响。很明显，这种测量不能提供改善教育过程现状的方针。同时，专业领域的测量也不过是把一定专业领域的知识集中起来进行测试，对于作为这种知识的基础的个别具体知识达成度的检测手段还是传统教学中的考试成绩更能提供有价值的信息。

三、教与学过程监控模式

如此说来，从长期维持高等教育质量的观点来看，不能不高度怀疑上述教育效果测量的实效性。我们重新回到上述设想的框架中不难看到有一个重要因素被忽视了，那就是对与教育输入和教育效果密切相关的教学和学习过程状况的监控。本文称之为教与学过程监控模式。

具体说来，过程监控模式调查主要调查以下几个方面：① 个别学生的将来期望、家庭和学习背景等影响学生学习行为的各种因素；② 大学入学后不同教学形式的经验以及教学的参与度、教学及其他方面时间的分配和学习特征；③ 学生对自身的能力、不足、在学校中的变化等和学习效果相关的侧面。调查基本采取学生问卷调查的形式。

如前所述，美国大学生参与度（engagement）调查（NSSE），虽然在很多时候被作为结果测量的一个例子，但是从其测验内容来看，它不是教育效果的标准化测验而是对学生的教育行为和意识的教与学过程监控。以加利福尼亚大学为中心进行的AUU—SERU调查也可以看作是这类例子，在日本，笔者所在的研究团体所作的全国调查(2007—2008 年，调查对象涉及 130 所大学，5 万人规模)也是这类例子。

这种调查的结果不单是局限在统计学生各方面的实际情况，而且对调查结果的深入分析具有重要意义。具体说来，第一，通过对学生背景信息的系统分析，把学生分成具有不同学习动机、将来计划、家庭背景等特征的下位团体，可以明确不同群体的固有的行为特征及其对教学的影响。第二，不同教与学的经验和什么样的学习行为、学习动机和学习结果相关联，能够把握两者之间的因果关系。第三，上述两个方面可以进行不同学科间或者大学间的比较。换句话说，就是假定在不同大学具有不同教学理念的前提下，不同教育环境和教育方法对学生的学习有什么影响。这种调查有可能具有和准试验研究同样的理论价值。

通过上述的教与学过程监控，不仅可以提供各个大学进行教育改革的方针，也可以提供基本的信息材料(2A)。同时更重要的是过程监控不是一个大学而是多个大学联手共同进行，这具有重要意义。在这个意义上，多个大学的合作是过程监控的必要条件(2B)。对政府或者社会全体来说，过程监控未必能够提供容易理解的指标，但是既然大学里存在着多种多样的教育内容，就有必要发展监控维持教育水平自律性体系的元评估机制。

但是，这里分析的过程监控未必能够成为具有一定固定形式的制度。从已经实施的过程监控例子来看，固然里面能够发现一些共有的特征，但是在解决教育改善过程中所面临的问题上，不同调查的调查内容、对象和方法也应该不同。另一方面，如果把这类调查结果和教育效果测量结合起来，整理成关于学生学习成绩、升学和就业的数据库，那么就可能进行更为详细的研究分析。总之，教与学过程监控是应该不断变化和发展的，如何促进这种变化和发展的产生将是高等教育政策上的重要课题。

不过，上述分析并非要否定教育效果测量的价值，当然，要想使效果测量具有教育质量改善的价值，过程监控必不可少。而过程监控要想充分发挥作用，以输入为基础的反馈机制的正常运行是其基础。就此看来，与其把重视结果的机制看成是迄今为止的传统评估控制机制的替代物，不如看成是在传统评估机制的基础上，通过把过程监控、成果测量等方法有机结合进去而形成的综合的反馈机制。

第四节　结论

21 世纪社会经济的剧烈变化要求高等教育制度的存在形式进行大规模变革，特别是要建立长期的高等教育质量保障机制。重视教育成果测量的发展趋势正是这种社会结构变化的突出表现。但是从高等教育质量改善的综合观点来看，仅仅重视高等教育中的成果测量未必能够达到目的。更重要的是要把成果测量扩充为具有多重结构的质量反馈机制。在这一点上，当前的焦点就是推动教与学过程监控制度的建立，为此许多大学间的合作非常重要，同时也要求各个大学建立把过程监控结果和教育改善结合起来的综合机制。这是一个长期的改革过程，它的顺利实现要求政府或者质量保障机构担负起促进该机制产生的重任。

附章　高等教育发展的中国模式

北京大学校门

附章 高等教育发展的中国模式①

在主要分析了美国和日本的高等教育②之后，本章简单谈一谈我对中国高等教育的理解。高等教育在美国、欧洲和日本都有一段相对较长的发展历史而且中间没有过较大的时间断裂，与此相比，中国的高等教育发展历史具有自己的特殊性，而且目前正处在急剧变化的过程之中，今天的归纳也许明天就显得有些陈旧，所以这里我只想把中国高等教育放在发展过程中去认识，并希望从中概括中国高等教育的发展趋势而不是静态特征。

最近 20 年来，中国的高等教育以自己独特的方式迅速发展，引起了世界各国学者的关注，也激起了我研究中国和中国高等教育的强烈兴趣。一般学术界认为，在社会发展和包括高等教育在内的教育发展历史上，早有自发模式和自觉模式两种模式的认识。一般说来，以英美为代表的教育发展遵循自发模式的发展轨迹，而以德日为代表的国家沿着自觉模式而行进。可是这种认识在研究中国教育发展上面显得有些陈旧而不能自圆其说。中国的教育发展特征能否归入以上两种模式之中呢？对于这一点本章将在第三节和日本的比较中分析。

纵观中国高等教育 20 年间的变化和发展，笔者个人认为其可以分为几个不同的阶段。从 1998—1999 年度开始，中国高等教育进入了一个崭新的发展阶段。这种"新"不仅表现在高等教育规模的急剧扩大方面，更表现在以市场化和国际化为主要特征的高等教育改革上。作为一个日本学者禁不住会问，这种改革为什么会在中国这片土地上发生？这次改革伴随着何种结构上的变化？现在中国的高等教育规模扩张和日本历史上出现的高等教育规模扩大有何异同？下面就围绕上述几个方面谈谈笔者个人的看法。

第一节叙述 1998 年以来中国高等教育大规模扩大政策的出现及其背景，第二节分析中国高等教育发展的结构特征，第三节总结包括日本在内的东亚高等教育发展模式的特殊性并论及中日高等教育比较研究的课题。

第一节　政策大转型：从稳步发展走向规模的迅速扩大

自从 20 世纪 70 年代末 80 年代初中国政府采取了"对内改革和对外

① 本文最早发表于《教育发展研究》2006 年第五期，收入本书时略有改动。

② 大学和高等教育为意义稍有区别的概念。日本学者习惯用大学，我国学者习惯用高等教育指称全体制度。本书译稿在同一意义上使用。——译者注

开放”的政策之后，中国的高等教育摆脱了旧体制下束缚其发展的各种组织和意识形态的桎梏，与此同时加快了重建现代高等教育制度的步伐。如果简单分类，20 世纪 80 年代中国高等教育所要解决的政策课题为前者，20 世纪 90 年代之后所要解决的问题为后者。进入 90 年代之后，以《中国教育改革和发展纲要》所标明的目标为中心，政府致力于完善有关高等教育的法律，意在有计划地发展高等教育。①

但是以 1998—1999 年为界上述这种政策方针发生了巨大变化。这首先表现为在校大学生数量的急剧增加。中国普通高等学校本专科学生在 1990 年约为 200 万人，1998 年增至 340 万人，是 8 年前的 1.7 倍。但是到 2003 年，在校生骤达 11000 万人是 5 年前的 3 倍多。很明显这组数字意味着政府发展高等教育基本方针的巨大转变。那么为什么会发生这种政策上的根本变化呢？

这个问题的答案隐含于中国宏观经济政策方针之中。1998 年和 1999 年间正是中国经济高速发展的时期，人均 GDP 的增长每年超过 10%，但是，这种发展具有明显的特殊性，那就是经济发展以外资企业的出口为中心。而且中国国内的收入分配也未必公平，这样就使中国国内的投资机会受到限制，同时个人消费的规模也没有扩大。另一方面，国有企业因人员过剩和不能适应市场经济的新环境而成为经济发展的障碍。再者，当时正值亚洲金融危机，有鉴于此积极扩大内部需求也是中国经济发展的当务之急。

从这个角度出发，高等教育规模的扩大意味着学生生活消费、学费支出和大学基本建设投资的增加，因而就有了扩大国内消费的意义。另外作为旧体制的残余，现有体制下中国高等学校人员过剩，扩大招生能够有效利用这部分剩余人员并能保证其就业的安定。再说，中国一般居民送子女读大学的愿望非常强烈，这样，以一定程度的家庭高等教育费用负担增加为前提，实行高等教育扩招政策就非常可能。在这个意义上，中国高等教育规模扩大的政策可以说是“哥伦布之卵”②，具有划时代的意义。

这种高等教育政策的思维和以前中国高等教育政策的逻辑完全不同。对此笔者曾经访问过中国有关政策部门的负责人，访问结果表明该

---

① 苑復傑：《中国高等教育グローバル化戦略》，IDE 現代の高等教育 446 号(2005 年 1 月)72—77。

② “哥伦布之卵”为日本的成语。来自众所周知的典故。哥伦布发现美洲新大陆之后，颇受世人诽谤。在一次宴会上，受到众人攻击，被说成这不过是谁都能做的事。于是哥伦布拿起一只鸡蛋问众人，谁能使它站立起来。结果没有人能够做到。于是哥伦布把鸡蛋的一端敲破，轻而易举就让它直立起来。日语的意思是虽然事后看来是一件很容易的事，但是第一个去尝试和想到处理方法却并非易事。其意近似于中文“第一个吃螃蟹的人”——译者注

政策思想的出台并非来自最高教育行政管理部门教育部，而是来自国务院的指示。因为高等教育扩招被认为在政治和经济上具有重要性，国务院于 1999 年 6 月下达了高等教育扩招的指示。但是如下所述，该政策能够顺利实施是因为它对各个具体大学来说未必是件坏事。

第二节　高等教育的规模扩大和结构变化

上述背景下的高等教育规模扩大促使高等教育结构发生巨大变化。简单地说这种变化就是高等教育的市场化。[①] 下面就从教育、研究和高等教育投资等三个方面来具体分析这种变化的基本特征。

一、高等教育机会的市场化

20 世纪 90 年代末期在中国出现的高等教育改革其基本特征是高等教育对个人负担依存度的逐渐加深。20 世纪 90 年代的中国高等教育面临两重困境和压力，一方面是教职员的大量过剩，另一方面是政府财政投资增长非常有限。在这种情况下，别说高等学校的现代化建设投资，就是教职员工工资的增长也赶不上经济发展的速度。总而言之，当时中国高等教育面临着严重的财政困难，但囿于体制的限制而无法进行相应的改革。在这种情况下，首先想到的一条可能方法就是向学生收取一定的学费。[②]

在过去的高等教育体制下，高等学校不仅不收取任何学费，而且实际上还补助住宿等生活费用。进入 20 世纪 90 年代，中国的宏观经济改革和开放告一段落之后，政府开始实行高等教育学费制度改革。该制度导入于 20 世纪 90 年代初期，90 年代中期学费额约涨至每年 1500 元左右。但是 90 年代后期骤升至 3000 元左右，时至 2002 年学费已高涨至5000元左右。

当学费上升到一定程度，很明显对于财政拨款明显不足的具体高等院校来说能够收取大量学费成为高等院校扩招的内在动力。这样，学费上涨和学生数增加成为不可分割的有机整体，极大地影响着各个具体高等院校的发展方针。同时由于政府财政拨款停滞不前，为了弥补财政不

---

① 国外学者所说的市场化似乎和我们所理解的市场化概念不完全一致。——译者注

② 导入收费制度需要一定的理论基础支撑，高等教育成本分担理论就是那个时代被介绍到中国的。译者曾经在一次国际会议上和美国高等教育财政专家，高等教育成本分担理论的始作俑者布鲁斯·约翰斯通交谈过。他说他 20 世纪 80 年代末 90 年代初曾在中国受到过万人空巷般的热情接待。——译者注

足各大学也都积极招收计划外学生。其结果是中国政府所属高等院校的收入结构发生极大的变化(图 A－1)。

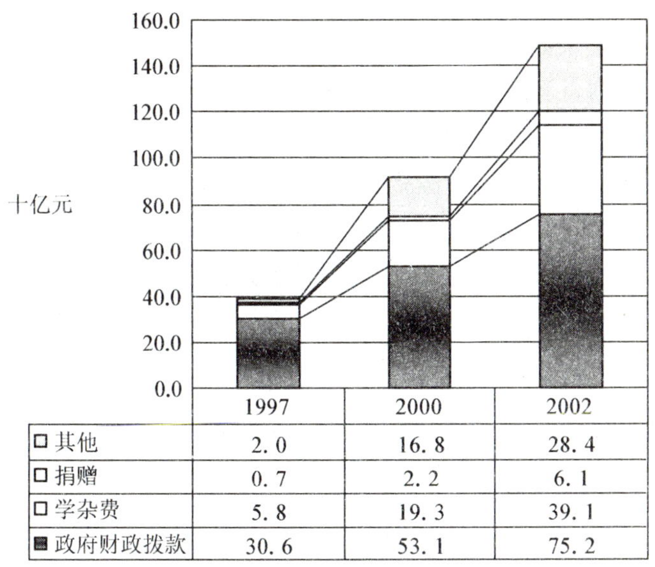

	1997	2000	2002
□其他	2.0	16.8	28.4
□捐赠	0.7	2.2	6.1
□学杂费	5.8	19.3	39.1
■政府财政拨款	30.6	53.1	75.2

图 A－1　中国政府所属高等院校收入来源：1997—2002

资料来源：中国教育统计年鉴(1998、2001、2003)。

从图 A－1 可以看出，1997 年学杂费收入仅占全体收入的 15％，但 2002 年就高达 26％。计划外生源学杂费等收入也从 1997 年的 5％上升到 2002 年的 19％。另一方面政府的财政拨款所占比例也明显下降，在同一期间从 78％降为 51％。在这个意义上中国的各级政府所属的高等院校还能不能称为“政府所属”就有点令人怀疑了。从个别高等院校的数字来看，特别是一些地方政府管辖的高等院校，学杂费占总收入的七至八成的也不少。

同时，从 20 世纪 90 年代起，在部分政府所属高等学校里，设置了被称为“二级学院”的教育机构。“二级学院”的学生为计划外生源，其学费远高于一般学生。从 20 世纪 90 年代末开始，这类机构的数量大幅度增加，并出现了独立于母体大学的发展趋势。即使二级学院没有追求经济利益的目的，作为“二级学院”母体的政府所属院校也能靠二级学院吸收剩余教职员工。[①] 政府又通过法律使这类二级学院作为“独立学院”制度

① 曹燕：《新しい私学セクター——独立学院の拡大》，IDE 現代の高等教育 467 号(2005 年 2 月)，66—69。

化。从财政上说，这类机构几乎完全依靠学费，大多数“独立学院”的平均学费为政府所管大学的三倍，高达15000元左右。① 20世纪90年代后期开始的中国高等教育规模扩大就是以上述高学费教育部门和机构的扩大为主要特征的。

这种高等院校收入结构的变化也带给大学教师以极大的物质刺激。根据政府标准发放的基本工资虽有增加但实际这部分收入仍然很低。对教师的实际拿到手的收入没有官方统计，但是有人说在大规模研究型大学里，政府发放的工资仅占教师实际收入的三分之一，占教师收入相当部分的是各种奖金和其他收入，其中主要是课时费和后述的研究经费所产生的收入。在这个意义上，学校的教育收入和教师个人的经济利益紧密联系在一起。如果说这中间酝酿出了推动高等教育规模扩大的巨大能量并不算过分。从这个角度来说，中国的高等院校应该是人类历史上从未有过的最像企业的大学。

另外，进入20世纪90年代，作为高等教育制度的一部分民办高等教育也有了长足发展。这类民办高等院校多为专科，虽有升格为本科院校的强烈愿望，但由于前述扩大政策的影响，现有的本科院校和独立学院占有了本科教育的机会，再朝着这个方向发展很困难。与此同时，政府从20世纪90年代末也开始有意识地把专科学校变为职业训练机构。因为和本科院校相比，专科学校除修业年限较短之外其他方面的特点都不明确。在这种政策环境下，大多数民办高等学校变成了职业技术学院。② 一部分原来的中专学校也升格为高等职业教育机构。③

二、科学研究的市场化

和其他社会主义国家一样，中国的学术研究原本是研究所(academy)的职责。20世纪90年代高等院校的研究领域也开始进行现代化改革和建设。这起始于少数研究型大学加强研究能力的运动。1993年开始的“211工程”其目的在于用高待遇吸引在海外工作的研究者回国，“长江学者计划”为其核心。在此基础上，原国家主席江泽民于

---

① 徐国興：《授業料の高騰と高等教育機会の均等》，IDE現代の高等教育469号(2005年4月)，65—69。

② 鲍威：《短期職業技術学院の台頭——その政策的理念と現実》，IDE現代の高等教育471号(2005年6月)，76—80。

③ 劉文君：《中国の高等教育のマス化と短期高等教育の変容》，IDE現代の高等教育474号(2005年10月)，76—80。

1998 年提出了“985 工程”计划，此后政府对北大和清华大量投资。目前该工程已经进入第二期，通过“985 工程”建设，研究型大学的面貌焕然一新。另一方面虽然以高等学校为单位的政府财政拨款停滞不前，但从 20 世纪 90 年代末期竞争性科研经费的比例大幅度增加。

由于现在中国各行各业的一般企业所拥有的现代化和先进知识有限，大学投资办公司现象很普遍，而且不少高校的校办公司不断发展壮大。比如以计算机产业起家的北大“方正集团”就成为中国屈指可数的大企业。与此同时，20 世纪 90 年代中国一般企业的资金能力大为发展，因此，一般企业和校办企业的合作也在不断扩大。

在这种制度和社会环境下，高等学校教师的行为模式也发生了很大变化。特别是 20 世纪 90 年代后期，政府采取了选拔性财政拨款政策，这样提高研究成果就成为各个大学的重大课题，为此大部分大学采取了对发表论文的教师给予物质奖励的政策。大学对竞争性科研经费的管理也不是很严，据说其中一部分，大约 5%左右研究者个人可以自由使用，这样获得竞争性科研经费对教师个人来说也有很大的经济价值。该措施不仅从制度上促进了教师提高研究成果，而且给予教师个人以物质奖励和刺激也是重要特征。

三、高等教育的发展对金融市场的依存度加深

如上所述，20 世纪 90 年代中国高等教育呈现快速发展的趋势。但是高等教育的发展首先需要高等教育基本建设投资，高等教育基建费的大部分来自民间资金也是这一发展阶段的主要特征。根据中国政府的统计，图 A－2 列出了政府所管高等学校资金支出的不同来源。资金支出中来自各级政府的不到两成，学校自有资金为 41%，学校自筹资金为 22%，两者合计共占六成以上(图 A－2)。这里的学校自筹是指向商业银行贷款，当然中国的商业银行资金中国有成分居多。虽然学校自有资金让人想起上述的学费收入，但是很难想象中国的高等学校已经在短时间内积蓄了

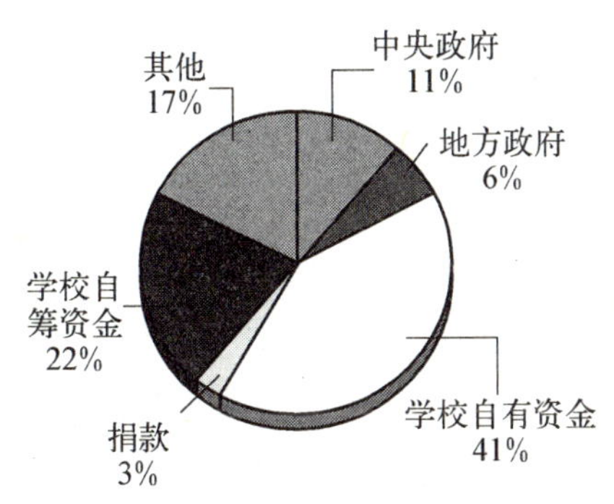

图 A－2　政府所属高等院校支出资金来源：2001

资料来源：中国教育统计年鉴(2002)，307 页。

很多家产，这极有可能仍然是通过某种手段筹措来的私有资金。这样算来可以认为现在中国高等学校基本建设投资至少一半以上来自银行贷款。

对于上述的高等学校的二级机构独立学院来说，虽然缺乏统计数据，但不难想象其资金几乎全部来自银行贷款。以浙江省杭州的某独立学院为例，学院建立之初虽然有来自政府的投资，但后来学校的扩大建设所需要的资金全部来源于银行贷款。企业设立独立学院的例子也不少，在这种情况下由企业负担独立学院的基建资金。

另外，地方政府在大城市的郊外划出一块专有用地，招致数个大学进来建立“大学城”的事例也很多。虽然最初由地方政府出资作为保证金购买农地，但是可以想象基本建设资金也是来自银行贷款。正是因为有了这笔资金，规模巨大的校园才得以建成。而且还存在由政府提供土地，民间企业建设学生宿舍，收取住宿费的 PFI(private finance initiative)做法。总之，中国的高等学校采取种种可能的措施，以容纳不断增加的大学生。

其结果是包括政府所属高等院校在内，中国的高等院校整体上负债巨大。对此虽没有官方的权威统计数字，各学校也没有公布自己的财务数据，但根据笔者对某独立学院访问调查的结果，该独立学院的负债额已达到年间学费收入的五倍以上。由于贷款利息率不高，低于市场水平，只要高等教育发展顺利偿还利息不至于存在问题，但是对如何归还本金，很多高等院校并没有明确考虑过。据对高等学校内部有关人士的访问调查表明，一般认为高等教育导入民间资金的做法是在政策推动下进行的，因此政府应负偿还之责。作为银行一方，以前一直把如何扩大高等教育贷款作为重要课题，对资金回收的管理并不严。有人说高等教育基建贷款很有可能和国有企业贷款一样成为不良债权。

四、高等院校的治理结构

如上所述，中国的高等教育在研究和教育两方面都积极导入市场原理。以此为背景，个别高等院校也采取了一般企业才会有的迅速、大胆的行动，教师也被附带极强物质激励的竞争体制所包围。正是在这个意义上可以说中国高等教育的市场化走在了世界的前列。换句话说，这就是高等教育发展的中国模式。那么，为什么这种发展模式会在中国出现？这不能不从中国高等院校的治理结构中寻找答案。

在计划体制下的中国，大学和其他国有企业一样都是基层生产单位。这种生产单位不仅具有“生产”这一主要功能，而且还具有随着生产活动而产生的多种附带功能，比如有必要保障下属人员的住宅等生活基本需要。但是在改革开放政策的推动下，经济不断现代化。随着经济的现代化社会上工作人员的工资普遍上升，对高等院校来说人员经费成为一个很大的财政负担。为了有效利用政府和学校的资产，大学自身不得不采取类似于企业的诸多行动。

和上述原因同等重要的还有社会和大学的治理形态和理念。在当前的中国社会系统里，存在着来自政府行政（或者叫群众参加型民主管理）和来自共产党系统的双重管理。其他生产单位也一样，高等学校中也存在着以单位行政首脑为顶点的行政系统和以共产党书记为顶点的党系统两套管理机构。

同时，作为行政管理依据的法律规定未必很完善。政府对高等学校管理的权限以及学校内部管理的有关方面缺少明文化规定。政府把决策权委托给学校的例子也不少见。来自政府部门的行政管理虽然涉及高等院校的组织体系、招生数、政府财政拨款和校长人事等方面，但行政管理的力量未必渗透到学校内部的决策、执行机构和会计等方面中去。对高等院校的政府财政拨款使用的监督功能也没有充分发挥。这样，高等学校内部的个别基层单位实际在财政上具有相当大的自主决定权。

党管理制度的存在弥补了这种行政管理不完备的缺陷。高等学校中的共产党组织既是接受共产党中央指示的执行机关，又是大学中共产党员的政治运动组织，因此大学中的共产党委员会代表下属的共产党员监视大学的管理和运营并参与到主要人事决策中。在这个意义上，各个高等院校的自主性运营获得了合法性和正当性。

这种中国式运营机制所具有的特色与近代大学尤其是包括日本国立大学在内的国家设施型大学形成鲜明对照。在国家设施型大学中，社会对大学的控制通过以下过程进行。首先选举产生议会，其次议会制定法规和组织官僚行政组织，然后由法规和行政监督来控制国立高等院校。而且控制必须通过明文化的规则和具有明确目的的预算来进行。这样来自社会和政府的控制就对大学的自主性形成了强烈限制，两者之间经常出现冲突。而且要改变这种机制首先需要在制度上作很大的变革。日本国立大学的法人化就是明显的例证。与此相对，在实行社会主义市场经济的中国，在市场经济大潮的洗礼下，形成了允许各个政府所属高等学校采取自主行动的灵活管理体制，这和社会主义经济体制本来所预期的功能相左。

第三节　从中日比较的角度审视中国高等教育发展

根据上述的分析结果，我们应该如何评价中国高等教育的发展模式？以下尝试从中日比较的角度作些探讨。

从宏观上来看，1990 年以后的中国社会不是追求社会利益单纯总和的增长，而是采取了让一些部门先富起来的政策。这种战略决策不是在多数民众参加决策的政治体制，而是在共产党作为主要政党执政的体制下才有了实现的可能性。可以说 20 世纪 90 年代后期中国高等教育的迅速扩大和市场化也是这种体制的成果之一。从个体高等学校层次上来说，行政和党的双重管理使大学能够采取企业式运营行为。从大学教师层次上来说，这种体制的存在也促使个人之间带有物质刺激的强烈竞争机制的产生。

在这个意义上，我们可以说，虽然高等教育市场化无疑是世界潮流，但是走在这个时代潮流最前列的应是中国高等教育的改革。中国形成了能够根据社会需要而不断调整自我行为的高等教育的基层组织，同时，又激活了教师从事教育和研究的动力。这是中国高等教育大扩张成为可能的前提。与此同时，中国的重点大学的研究生教育规模迅速扩大，造就了大量的博士毕业生。国家又把这些博士毕业生的一部分作为博士后人员在短期雇用的条件下，让他们在学术上互相竞争。这也带给了中国高等教育以巨大的发展能量。

通过这种灵活有效的管理机制，中国的高等教育肯定可以在教育和研究两方面达到很高的水平。回头来看日本，在 20 世纪 60 年代，日本的高等教育也是在相当粗糙的市场原理的支配下急速发展起来的。但是在其后的福利国家政策下，高等学校这个所谓的既得利益者逐渐和市场竞争的压力隔绝。这是现在日本高等院校内部不能产生自发改革动力的原因。现在日本开始反省这段历史，提高高等学校教育和研究的效率又成为重要课题。在这个意义上，中国的高等教育对现代日本高等教育也具有很大的借鉴意义。

但是中国高等教育扩大的机制也不是完美无缺。首先从宏观上来看，尽管经济发展迅速，收入分配的平等性却有所恶化。这样高等教育的市场型扩大就带来了高等教育机会的不平等。从地区分布上来看，高等教育升学率的地区差异正在增大。① 日本在20世纪60年代至70年代中期的高等教育大发展时期，虽然私立大学的学费相对较高，但国立大学的学费一直被控制在较低水平，这就保证了高等教育机会的均等性。另外迅速增加的高等教育毕业生能否就业也是不容忽视的问题。在日本，当时高等教育的大发展致使大学毕业生劳动力急剧过剩，但是迅速发展起来的各种各样的服务行业吸收了这部分劳动力，高学历劳动力过剩没有成为社会问题。现在以外资为中心发展起来的中国经济是否能够吸收这部分高学历劳动力尚是未知数。

从高等学校内部来看，直接的经济刺激、竞争所产生的巨大压力会使组织和个人两个层面上出现道德方面的问题。再者从长远观点来看，大量的博士后人员和研究竞争未必会产生学术上的独创性。在某些条件下，若干年之后具有博士学位的研究人员的过剩有可能成为严重问题，这会导致年轻研究人员中出现强烈的不满情绪。这不免让人想起日本和其他欧美国家的情况。在20世纪60年代的高等教育大发展期，以年轻研究人员的工作不安定为背景而产生的大学内各种纠纷和矛盾尖锐化，进入20世纪70年代这些纠纷和矛盾进一步激化。

具有讽刺意味的是，敏锐地捕捉高等教育发展趋势和社会现实并公之于世本来是大学教师的天职(calling)，但是现在中国的大学教师湮没于物质刺激和竞争之中，没有能够起到这种应有的作用。在这个意义上可以说中国的大学教师被市场经济腐蚀了。这种中国式高等教育发展模式能够持续多久？要不要对这种发展模式进行一定程度的修改？如果要对这个模式进行某种程度的修改，什么时候进行修改最为合适？希望中国高等教育问题的研究者对这些问题从社会科学方法论的角度进行科学的理性探讨。

在这一点上，中日比较对中日两国的研究者来说都是重要的研究方法。毋庸讳言，面对这些课题，中日两国的研究者共同研究和互相启发显然是两国今后高等教育健康发展的重要基础。

---

① 竇心浩：《中国高等教育の地域格差》，IDE現代の高等教育472号(2005年7—8月)，75—80。

结束语

本书是以与高等教育有关的一般人员作为读者而写的，为此，对那些站在大学改革实践第一线的工作人员以及立志于高等教育研究的专业人员来说，需要补充以下三点说明。

第一，因为篇幅所限，本书没能充分论及有关大学教育的诸多理论背景以及既存研究。在日本，已积累了不少这方面的研究，在美国则发展成为新的研究热点，已出版了无数文献。一般来说，这些研究的视角从教育理念和教育课程，横跨到大学教育实践。无论在哪一方面，系统而认真的理论整理都是今后需要完成的研究课题。

第二是数据的问题。在日本已经存在大学生问卷调查等，不过在本书中没能充分介绍那些现有研究的成果。今后应进一步积累数据，并活用这些数据以深化研究。

第三，高等教育研究与高等教育政策以及大学教育改革体制之间还存在着很大的鸿沟。为了跨越这些鸿沟，需要培养大学教育的专家。

这样看来，高等教育研究今后应该发挥的作用实在不小。笔者所属的东京大学大学院教育学研究科不但设立了“大学经营·政策专业”以培养相关专家，同时还设立了“大学经营·政策研究中心”(http://daikei.p.u-tokyo.ac.jp/)，并且得到政府的科学研究费补助金(学术创新研究)，现在正在进行有关高中生升学选择和大学生学习状况的大规模调查，有关数据将会逐渐向研究人员公开。为了把高等教育研究与全国大学的实践相结合，同时也为了得到来自企业和社会的理解，希望本书能成为将来开展这些工作的基础之一。

本书虽然未能一一致谢，但其中的理论却是建立在从事高等教育研究的诸多前辈学者的努力之上的。特别值得一提的是应该感谢开创我国高等教育研究先河的天野郁夫、潮木守一和喜多村和之三位先生。一直致力于日本大学教育改革的喜多村先生现在卧病在床，在此由衷希望他老人家能早日康复。最后想对给予笔者撰写本书机会的藤田英典教授(国际基督教大学)以及一直鼓励我撰写本书的筑摩书房的永田士朗先生表示由衷的谢意。

参考文献

1. 日语文献

天野郁夫:《高等教育的日本模式》,玉川大学出版社,1986 年。

有本章:《学问结构与大学教育的关系》,喜多村和之编:《何谓大学教育》,玉川大学出版社,1988 年。

井门富二夫:《学士学位课程的改革动向》,绢川正吉/馆昭编《学士学位课程教育改革》,东信堂,2004 年。

潮木守一:《京都帝国大学的挑战》,《讲谈社学术文库 1296》,1997 年。

潮木守一:《校园的生态志》,《中公新书 822》,1986 年。

潮木守一:《所谓洪堡理念是神话? ——与 Paletschek 假说的对话》,《大学论集》38 集,2007 年。

宇田川拓熊:《UCB 的先进授课与 TA 制度的制度化》,小笠原正明编:《大学理科入门的教育模式与评估模式的开发》,科学研究费报告书,2007 年。

苑复杰:《美国大学的多媒体活用与 FD》,《多媒体教育研究》,2007 年。

大久保幸夫编著:《大学毕业生无业可就》,东洋经济新报社,2002 年。

菊池城司:《近代日本的"洪堡理念"——福田德三的时代》,高等教育研究丛书 53,广岛大学大学教育研究中心,1999 年。

小方直幸:《核心能力能改变大学教育吗》,《高等教育研究》第 4 集,2001 年。

小笠原正明:《20 世纪 90 年代的大学本科和研究生教育改革》,绢川正吉/馆昭编《本科课程的改革》,东信堂,2004 年。

小笠原正明编:《大学理科入门的教育模式与评估模式的开发》,科学研究费报告书,2007 年。

小笠原正明:《研究型大学的专业基础教育和助教的作用》,小笠原正明编:《大学理科入门的教育模式与评估模式的开发》,东信堂,2004 年。

喜多村和之:《高等教育的比较分析》,玉川大学出版社,1986 年。

喜多村和之编:《何谓大学教育》,玉川大学出版社,1988 年。

喜多村和之:《重新考虑大学教育——通识教育和专业教育的原点》,喜多村和之编:《何谓大学教育》,1988 年。

喜多村和之:《当代大学和高等教育——教育制度和功能》,玉川大学出版社,1999 年。

绢川正吉:《大学教育的思想——学士教育课程的设计》,东信堂,2006 年。

经济产业省:《有关社会人基础能力的研究会》报告书,2006 年。

新村洋史:《大学生在变》,新日本出版社,2006 年。

铃木久男、细川敏幸、小野寺彰:《大学理科教育的国际化和 E-learning》,小笠原正明编:《大学理科入门的教育模式与评估模式的开发》,科学研究费报告书,2007 年。

武内清编著:《校园生活的现在》,玉川大学出版社,2003 年。

武内清编著:《大学生校园生活的实证研究——21 所大学学生调查的分析》,科学研究费报告书,2005 年。

竹内洋:《教养主义的没落》,《中公新书 1704》,2003 年。

馆昭:《作为高等普通教育的"通识教育"》,《通识教育学会杂志》15 卷 2 号,1993 年。

东京大学生命科学教科书编集委员会:《为了理科综合的生命科学》,羊土社,2007 年。

东京大学大学综合教育研究中心编:《东京大学的教育:通过学生问卷调查的诊断. 1》,2002 年。

户坂润:《户坂润全集　第四卷》,劲草书房,1966 年。

内阁府:《人间力战略研究会》报告书,2003 年。

日本劳动研究机构:《大学毕业生的初期职业经历形成——〈大学毕业生就业研究会〉报告书》,1995 年。

日本劳动研究机构:《日欧大学和职业——有关高等教育和职业的 12 国比较调查结果》,2001 年。

滨名笃:《一年级学生教育的社会背景和特征》,关西国际大学高等教育研究所高等教育研究丛书第 4 集,2003 年。

滨中淳子:《工学专业毕业生的学习经历——研究室教育的多元化作用》,矢野真和编:《工学教育的社会适应性》,科学研究费补助金报告书,2005年。

广岛大学高等教育研究开发中心编:《从学生视点看大学教育的质量——从授课评估到课程评估》,2006年。

矢野真和编:《工学教育的社会适应性》,科学研究费补助金报告书,2005年。

山内乾史:《当代大学教育论——学生、课堂教学和实施组织》,东信堂,2004年。

山田礼子编:《转型期高等教育学生教育评估开发的国际比较研究》,科学研究费报告书,2007年。

横尾壮英:《大学的诞生以及变形——欧洲大学史断章》,东信堂,1999年。

Karl Neumann著,小笠原道雄、坂越正树监译:《大学教育改革与教育学》,东信堂,2005年。

Prahl Hans-Werner著,山本尤译:《大学制度的社会史》,法政大学出版局,1988年。

罗伯特·赖克(Reich Robert B.)著,中谷岩译:《The work of nations ——21世纪资本主义的印象》,钻石社,1991年。

Hastings Rashdall著,横尾壮英译:《大学的起源——欧洲中世纪大学史》(上中下),东洋馆出版社,1966—1968年。

Frederick Rudolph著,阿部美哉、阿部温子译:《美国大学史》,玉川大学出版社,2003年。

罗斯布拉特·谢尔登著,吉田文、杉谷佑美子译:《教养教育的系谱——通过美国高等教育所看到的与专业主义的矛盾》,玉川大学出版社,1999年。

MIT编:《MIT教师必携——教师和学生》(IDE教育资料集第44集,IDE大学协会)

2. 英语文献

Association of American Colleges and Universities (AAC&U). 2002. *Greater Expectations: A New Vision for Learning as the Nation Goes to College*.

American Association of State Colleges and Universities (AASCU) and the National Association of State Universities and Land-Grant Colleges (NASULGC), ASULGC and AASCU. 2006. *Toward a*

Voluntary System of Accountability Program (VSA) For Public Universities and Colleges.

The American Institutes for Research. 2006. *The National Survey of Americas College Students: The Literacy of America's College Students.*

Astin, Alexander W. 1993. *What Matters in College: Four Critical Years Revisited.* San Francisco: Jossey-Bass.

Bloom, Allan. 1987. *The Closing of the American Mind.* Simon and Schuster.

Bok, Derel. 2006. Our Underachieving Colleges. Princeton: Princeton University Press.

Boyer, Ernest L. 1988. *College: The Undergraduate Experience in America.* The Carnegie Foundation for the Advancement of Teaching. New York: Harper and Row.

Business-Higher Education Forum. 1999. *Spanning the Chasm: A Blueprint for Action.* Washington: Business-Higher Education Forum.

Business-Higher Education Forum. 2004. *Public Accountability for Student Learning in Higher Education: Issues and Options.*

The Business Roundtable's. 2005. *Tapping America's Potential: The Education for Innovation Initiative.*

Butin, Dan W. 2005. *Service-Learning in Higher Education: Critical Issues and Directions.* Palgrave Macmillan.

D'Andrea, vaneeta-marie and Gosling, David. 2005. Improving Teaching and Learning in Higher Education. Society for Research into Higher Education & Open University Press.

Delanty, Gerard. 2001. *Challenging Knowledge: The University in the Knowledge Society.* The Society for Research into Higher Education & Open University Press.

Dworkin, Martin S. 1959. *Dewey on Education.* Teachers College, Columbia University.

ETS, 2007. A Culture of Evidence: Critical Feasures of Assessment for Postsecondary Learning.

ETS, *America's Perfect Storm: Three Forces Changing Our Nation's Future* (Kirsch, Braun, Yamamoto, & Sum, 2007).

Evers, Frederick T. Rush, James C. & Berdrow, Iris. 1998. *The Bases of Competence*. San Francisco: Jossey-Bass Publishers.

Friedman, Thomas L. 2005. *The World is Flat*. New York: Farrar, Straus and Grioux.

Hartley, Peter. Woods, Amanda and Pill, Martin. 2005. *Enhancing Teaching in Higher Education*. London & New York: Routledge.

Hativa, Nira. 2000. *Teaching for Effective Learning in Higher Education.* Kluwer Academic Publishers.

Jencks, Christopher and Riesman, David. 1968. *The Academic Revolution*. New York: Doubleday and Company.

Kimball, Bruce A. 1995. *Orators and Philosophers — A History of the Liberal Idea of Liberal Education*. New York: College Entrance Examination Board.

Keller, Morton and Keller, Phyllis. 2001. *Making Harvard Modern: The Rise of America's University*. London: Oxford University Press.

Kerr, Clark. 1963. *The Uses of the University*. Cambridge, Mass.: Harvard University Press.

Lasch, Christopher. 1979. *The Culture of Narcissism*. W. W. Norton & Company.

Lewis, Lionel S. 1998. *Scaling the Ivory Tower*. Transaction Publishers.

Margaret A. Miller Peter T. Ewell. 2005. Measuring Up on College-Level Learning. National Forum on College-Level Learning.

Martinez-Pons, Manuel. 2003. *The Continuum Guide to Successful Teaching in Higher Education*. New York • London: Continuum.

Middaugh, Michael F. 2000. *Analyzing Costs in Higher Education: What Institutional Researchers Need to Know*. JOSSEY-BASS PUBLISHERS.

National Academy. 2007. *Rising Above the Gathering Storm: Energizing and Employing America for a Brighter Economic Future*

Committee on Science, Engineering, and Public Policy.

National Association of Independent Colleges and Universities' (NAICU). 1994. *The Responsibility of Independence: Appropriate Accountability Through Self-Regulation.*

National Center for Higher Education Management. 2003. *Measuring Up.*

Nijhof, Wim J. and Streumer, Jan N. eds. 1998. *Key Qualifications in Work and Education.* Dordrecht: Kluwer Academic Publishers.

Nusche, Deborah. 2008. "Assessment of Learning Outcomes In Higher Education: A Comparative Review Of Selected Practices." *OECD Education Working Paper* No. 15.

Oblinger, Diana G. and Verville, Anne-Lee. 1998. *What Business Wants from Higher Education.* Oryx Press.

Rudolf, Frederick. 1962. *The American College and University: A History.* Athens, Georgia: The University of Georgia Press.

Rychen, Dominique Simone and Salganik, Laura Hersh. 2001. *Defining and Selecting Key Competencies.* Seattle: Hogrefe and Huber Publishers.

State Higher Education Executive Officers (SHEEO). 2005. National Commission on Accountability in Higher Education、*Accountability for Better Results: A National Imperative for Higher Education.*

U. S. Department of Education, 2006. *Future of Higher Education.*

USDE. 2005. *A National Dialogue: Commission on the Future of Higher Education. Prepared Remarks for Secretary Spellings at the Meeting of the Commission on the Future of Higher Education* (http://www.ed.gov/news/speeches/2005/09/09192005.html).

USDE. 2006. *A Test Of Leadership: Charting the Future of U. S. Higher Education. Final Report of the Committee Appointed by Secretary of Education Margaret Spellings.*

U. S. Department of Labor. 1991. *What Work Requires of Schools: A SCANS Report for America 2000.* The Secretary's Commission on Achieving Necessary Skills, a publication of the U. S. Department of Labor.

Useem, Michael. 1989. *Liberal Education and the Corporation*. New York: Aldine de Gruyter.

Wudel, Darcy. Weber, Ronald J. and Lee, J. Scott. 2006. *Reforming Liberal Education and the Core after the Twentieth Century*. University Press of America.

所参考的调查一览表

在书中的简称	调查概要	调查报告
《东大调查》	1997年春天，对东京大学全体本科四年级学生实施的调查。有效回答率为35%。	东京大学大学综合教育研究中心编《东京大学的教育：通过学生问卷调查的诊断》，2002年。
《Benesse调查》	1997年、2001年、2004年实施的对特定学生的抽样调查。2004年的有效回答人数为14582人（150所大学）。	Benesse教育综合研究所《本科毕业生的满足度与大学教育的问题点》，2005年。
《广岛调查》	2005年对18所大学实施的调查。有效回答人数为5383人。	广岛大学高等教育研究开发中心编《从学生视点来看大学教育的质量》，2006年。
《武内调查①》	1997年对19所大学实施的调查。	武内清编《校园生活的现在》，玉川大学出版社，2003年。
《武内调查②》	2004年对12所大学实施的调查。	《12所大学的学生调查》（武内清编）。
《武内调查③》	2003年、2004年对21所大学学生实施的调查。	《大学生校园生活的实证研究——21所大学学生调查的分析》（研究代表者　武内清），2005年。
《全国高中生升学选择调查》	2006年东京大学大学院教育学研究科大学经营政策研究中心对4000名全国高三生实施的调查。	http://daikei.p.u-tokyo.ac.jp/

译后记

译完金子元久先生的这本专著，思绪万千。范围大至国家的教育事业发展，小到个人的学术研究进步，其复杂感触一时间不知如何精确言述。搁置一段时间后待稍微平心静气认真整理起来，发现其实自己特别渴望告诉热心读者的不外乎诸多学术上的感慨，其中不吐不快之感慨主要有四个方面。

一

本书的翻译让译者完成了一次和智者对话的过程，使曾被积年俗尘锈蚀的灵魂不经意间又接受了一场脱俗而且济俗的教育哲学的洗礼。

专著和论文是一个学者思想的系统外化。所谓思想可以说是学者以客观社会为观照物的主观思维活动的结晶，因此，不妨换句话说，思想就是系统的思维，两者在某种程度上是同义语，至少是近义语。而学者思想和思维的特点如何则反映在其学术成果的内容和形式两个方面。简而言之，专著和论文的质量高低可以从内容和形式两个角度评判。

然而，对金子元久先生毕生心血聚化而成的专著进行评判非我等译者——一些学术研究界的新手——力所能及，译者努力的目标就是翻译出来的文字尽可能忠实于原文所表达的思想。当然，我国目前特别讲究理论原创和科技创新，沿此思维逻辑，译者曾尝试概括本书的创新之处。本书的创新之处主要体现在四个方面：（一）寻找现代社会里大学和社会的连接是本书分析问题的出发点。大学和社会之间存在着怎样的联系，这种联系的形式和紧密程度如何是本书展开论述的起点。（二）从大学生是否进入大学的影响范围和大学生的自我以及社会认识成熟度出发，把大学生分为高度匹配型、独立型、被动顺应型和排斥型等四个基本类型。指出大学拥有较高的教育力量就意味着，一方面向高度匹配型的学生施加着深远影响，另一方面进入其“射程”之内的学生也有相对较大的规模。（三）明确提出提高大学教育影响力的主要原则是培养大学生的核心能力，而培养大学生核心能力的途径则是发展扩张性专业，而不是一般理论界所认为的通识教育。（四）系统分析日本现行高等教育制度中不利于提高大学教育力量的侧面以及相应的改革对策。

同时，怀着高山仰止的敬仰之心，译者抱着学习的态度再从书中拈出若干只言片语来以企窥见书中深藏的真知灼见。

比如，第七章的第一节中写道："虽然各个学部都是各个专业领域的专家所组成的专家集团，但是对于广泛意义上的从事社会活动所需要的资质及其形成未必有特别独到的见识。"这句话带给译者的既有理性的启迪，也有情感上的鼓励。

先谈这段话对译者的理性的启迪。显而易见，这句话明确告诉我们，虽然大学中各个专业的教学和科研人员都是本专业的行家里手，但仅靠他们并不能有效地完成真正意义上的大学教育改革，因为他们不清楚社会所要求的教育目标。这就是"不识庐山真面目，只缘身在此山中"吧？那么谁又能够完成这个社会所赋予的重任呢？这就需要不同于各个具体专业领域专家的另一类专家，那就是教育科学研究者。然而现实中，更准确地说在译者所感受到的现实中，教育科学研究在学术界的地位好像并不怎么高，而且教育科学研究者似乎常常被排除在教育决策的边缘之外。这是不是第二次世界大战之后世界上很多国家教育改革屡改屡败的原因之一呢？

本书对译者情感上的鼓励和慰藉也非常巨大。上述教育科学研究社会地位的惨淡现实让立志于教育科学研究的译者常常处于自我怀疑之中，借用本书中的专有名词，那就是事业上的"自我认识和社会认识"久久难于形成和固定，为事业理想和客观现实之间的深刻矛盾和巨大反差所困扰而难于专心致志于学术追求。然而，本书的观点却让译者清晰感受到大学教育在个体发展中不可替代的地位，在社会进步中的巨大推动作用和教育科学研究在教育改革成功中的重要性，因而也使译者对所从事的教育科学研究事业社会价值的不安一扫而光。

再如第一章第三节中，作者在总结了很多研究材料的基础上，把博雅教育划分为探究取向和古典取向两类，并论述了两类博雅教育在世界上主要国家的历史发展。其后作者得出的结论是"古典取向和现代的学术探究取向之间存在着十分复杂的关系，这使得对所谓的'博雅教育'的理解变得困难，并产生了很多误解"。文章至此戛然而止，这里的"误解"是什么？乍一看颇有点费解。但是若对当前世界上流行的所谓通识教育思想有所了解，也对其支持者对历史上的博雅教育的推崇备至有所了解，则不难体味出这里"误解"的主要内涵。也许历史所背负的误解太多，因为历史本质上是众多史家的主观历史。恐怕正因为此，为避其嫌，金子先生才没有详细写出自己的看法和主观判断。但在译者看来，一贯以推动日本高等教育顺利向前发展为己任的金子先生是否认为今人太看重博雅教育中的学术探究趋向而忽略了其中的古典倾向从而造成了对博雅教育的误解呢？同时，是否担心如此流行思潮会误导了当前的高等教育改革，从而给高等教育史新增一段不必要的误解和令后人无法排解的遗憾呢？

本书中诸如此类发人深省的理论和观点俯拾皆是，不胜枚举。

不同于流俗的深邃而冷峻的观点须有相应的语言表达形式，金子先生的学术语言在日本高等教育研究界以别具一格而久负盛名。那么，什么是金子的学术语言风格呢？译者以为大约可以简单归纳如下：（一）言简意赅。在遣词造句上，能用一个字表达意思的决不用两个字，能用简单词语表达意义的决不用生僻词语和所谓的华丽辞藻。（二）逻辑严密。在文章的逻辑上，追求议论的严密性，绝无上下两段文字之间缺乏内在联系的谋篇布局。换句话说，就是尽量用数理的逻辑来演绎人文社会学科的思考。所以很多翻译过金子教授论文的中国学者都感叹翻译他的论文是一项异常艰巨的学术再创造任务。

二

本书的翻译也促使译者深刻反思中国教育，尤其是高等教育的历史、现在和未来，引领译者积极寻求具有中国特色的高等教育强国之路。

本书对强化大学教育力量的设想是建立在世界上主要国家尤其是美、日两国高等教育发展历史的基础和背景之上的。根据马丁·特罗对高等教育发展阶段的划分，日美两国的高等教育已经进入了普及化时期，至少已经进入了大众化阶段的后期。在这一时期，高等教育教与学的双方都发生了本质变化。因而高等教育中出现了众多以前根本无法想象的问题。比如，大学校园里到处游荡着基础知识和学习欲望双无的青年。他们带来的岂止是高等教育质量的下降，大学里的秩序甚至整个社会制度的秩序都会因此而动荡不安。但是，一方面，作为民主社会，又不能或者说无法用上一代人的价值观和行为规范强迫性限制他们。另一方面，社会未必不存在着支撑他们如此行为的客观必然性，中国有“江山代有才人出，各领风骚数百年”的诗句，西方也有“上个世纪的异端就是下个世纪的正统”的说法。谁又能够绝对保证当前看起来有些奇怪的大学生的行为和思想不是下一个时代的社会主流和社会所需要的事物呢？所以金子先生认为，当前大学能够做的和比较明智的选择就是在和新生代大学生的亲切对话中，获得大学组织的自我新生和促进大学生的新生。

本书的翻译对研究中国高等教育具有未雨绸缪的借鉴意义。近年来，我国不少学者开始提出“建设高等教育强国”这一战略设想。政府部门、高校和社会各界也开始加入如何建设高等教育强国的讨论之列。当然，从社会思潮和意识形态的变化来看，我们不妨把它视做电视纪录片《大国崛起》所蕴含的政治思想和社会思潮在高等教育领域中的反映。

虽然目前高等教育强国的内涵尚不尽明晰，有效的方法尚在探索之中。但依译者愚见，建设高等教育强国的核心其实就是提高现有高等教育的质量。自然，这不是把现在规模已经扩大的大众化时期的高等教育整体质量提高到和精英阶段等量齐观的程度。大众化阶段的高等教育质量有其独特的内涵。比如，根据译者调查的结果，上述的双无大学生在我国大学尤其是一些高职高专院校的校园里也不乏其人。而且随着我国高等教育规模的继续扩大，可以想见这部分大学生的比例还会越来越高。那么，大学教育能够给这部分人什么样的影响？大学如何改革才能给予这部分人以较大的影响？这些将是我国今后建设高等教育强国不得不面对的重大课题。遗憾的是，注意到建设高等教育强国中这个侧面问题的学者目前还是凤毛麟角。

三

本书中文译稿即将完稿之际，我国教育界一片热气腾腾景象，从中央到地方各级政府都在制定教育发展的长期规划，着实让人热血沸腾。作为一位研究教育科学多年的理论工作者，笔者对我国学校教育的特点有着深刻感受并产生了独特的感情，因而想说的心里话恐怕一本书都写不完。尤其是译完本书，这些感慨就更深了一层。觉得要在人类历史发展背景中认识我国教育发展的特点殊属不易。在这一点上，中日比较应该是一个非常好的研究角度。

笔者以为给我国学校教育制度定位包括两个方面，第一个方面是确定我国学校教育当前所处的历史阶段，第二个方面是确定我国学校教育今后的基本的发展目标。前者是改革出发点，后者标示改革方向，两者缺一不可，目前准备制定的教育发展长期规划则是从出发点走向目标的预定最佳路径。原则上，学校教育发展的基本目标就是要让具有接受学校教育的能力和意愿的国民都能够得到与其能力和意愿相对应的学校教育，很多国家的宪法或教育基本法在论及学校教育的发展目标时几乎都有类似陈述，有鉴于此，这里对第二个方面不再赘述。

确定当前学校教育所处的发展阶段就是确定其在历史发展过程中的位置。从发展过程看，世界上学校教育制度的发展大致有两种基本模式：自发模式和自觉模式，日本应该是自觉模式的代表之一。学校教育发展模式的选择是历史的必然，不以个人意志为转移。笔者以为，我国学校教育的发展理论应当属于自觉模式，为此本文对自发模式不予分析。自觉模式的学校教育发展大致分为三个阶段：追赶、转型和自我创新。这里的分期不是以不同阶段所经历的时间长短而是以阶段的性质差异为依据。作为适应当时社会经济发展需要的必然结果，不同发展阶段学校教育的性质不同。

在追赶阶段，学校教育制度是现代国家为了追赶西方列强，实现国家自强和民族自立的政治手段，是为了学习先进的工业生产方式和社会制度形式而自觉输入的。作为通过国家权力和政治手段过滤的学校教育制度，虽然也标榜和西方基本相同的教育理念，但还是有很多本质区别。其本质区别首先表现在学校教育制度上的整齐划一性和结构刚性，其次表现在学校教育内容的严密性和系统性，再次表现在教学方法上的权威等级性和强烈受动性。有趣的是，正因为这些教育理论上看似缺点的特点才使输入型学校制度具有了工业化和现代化初期所推崇的高效率性。这是一个充满对学校教育盲目崇拜的经济高速增长和社会制度剧变时期。当步入转型阶段，从西方输入的国家主导建立的“虚拟”西方学校教育制度的各种弊端开始显现，对输入型学校教育制度进行深度反思成为学校教育认识的主流。在反思中，人们对学校教育大多具有爱恨交加的复杂情感。在反思中，来自社会不同阶层对学校教育制度的批判，理性的或盲从的，汇成一股巨大的时代潮流，其波涛汹涌之剧简直要把刚刚成长起来的现代学校教育制度吞噬于顷刻之间。一时间，教育改革的呼声此伏彼起，教育改革的试点随处可见。在此社会舆论和时代风潮之下，出现一些理想化的教育理论思潮和一些矫枉过正的教育政策也就在所难免。当进入自我创新阶段，学校教育似乎找到了自己应有的位置，既摆脱了转型阶段全盘自我否定的虚无，也洗尽了追赶阶段的过分集中和制度僵硬而有了几分主动适应社会发展需要的灵活性。从世界范围来看，目前学校教育制度能够顺利到达自我创新阶段的自觉模式型国家寥寥无几，因而，他们的经验和教训都是值得我们借鉴的特别宝贵的精神财富。但是，由于各种主客观原因的存在，这些国家的学校教育发展史目前似乎已经淡出我国教育研究主流的视线之外，致使缺乏对这些国家如何进入自我创新阶段进行系统而深入的研究。也正是从这一点考虑，系统的中日教育发展的比较研究才有了深远意义。

如果对我国学校教育发展属于自觉模式的上述理论判断无误，那么，作为教育理论研究的下一个最关键的问题就应当是，我国学校教育制度现在究竟处于自觉模式的哪一个阶段呢？如果说学校教育的发展是适应社会经济发展需要的产物，要回答这个问题就必须先看一看我国现阶段社会各个方面特别是经济发展的状况。

最近十几年，我国经济发展极为迅速，国力大增，令世界瞩目。从GDP总量来看感觉好像是快与其他经济强国并驾齐驱了，但是其中的量变有没有生成质变的可能性？如果质变的可能性存在，在多大程度上已经积累成了必然的质变？具体到学校教育制度上，上述经济发展的量变到质变对科学技术知识和人才规格是否提出了必然的新要求？而且如果经济发展确实提出了新要求，又会是什么样的科学技术知识和人才规格要求呢？这是笔者目前最为关心但是尚未找到确切答案而希望有关方面人士赐教的问题。而且令笔者颇为担忧的是，如果社会各方对此尚未有建立在系统科学研究基础上的比较明确的一致认识，在此情况下匆匆忙忙制定的教育发展长期规划其实际可行性程度可想而知。

总之，为了能够制定适合我国国情的教育发展规划，当务之急就是先为我国学校教育制度准确定位，尤其是科学地确定所处的发展阶段。任何面向未来的学校教育制度改革都必须站在历史和现实所提供的可能条件之上，才能回答客观历史发展所提出的必然要求。否则，看似再伟大的教育改革蓝图也只能是国民眼中无法充饥的画饼而徒留后世成为笑谈之资。

四

本书翻译的顺利完成是许多有志于教育研究的青年学者共同努力

的结晶，本书能够又快又好地翻译成书让译者不能不再次感慨集体力量的伟大。

北京大学教育学院副教授鲍威博士翻译了日文版前言、第二章和第三章，并在译著出版的联系上做了大量的前期工作。上海外国语大学日本文化经济学院副教授窦心浩博士翻译了日文版序章和第一章，日本东京大学教育学研究科博士三年级研究生金爱花翻译了第四章、第五章、结束语和参考文献等。华东师范大学教育科学学院讲师徐国兴博士翻译了中文版前言、中文版序、第六章和第七章。日本东京大学大学教育综合研究中心特任研究员刘文君博士翻译了第八章和附章。全书由徐国兴统稿后，由日本国立多媒体教育开发研究中心苑复杰教授进行了仔细审校。另外，在本书的翻译过程中，日本尚䌹学院大学教授黄梅黄博士、上海财经大学公共管理学院特聘研究员马志远博上和中国科技大学人文学院副教授吴琦来博士也于百忙中通读了译稿并对译文提出了很多宝贵的修改意见。

毫无疑问，注重集体力量的发挥是中华民族的优良传统，是以华夏文明为代表的东方一族人类文明的结晶，“一筷易折，十筷难断”的典故就是明证。但是曾几何时，引以为豪的优秀传统陨落于历史的残垣断壁里，竟然无法觅其行踪。偶然也？必然也？也许是历史的偶然未免有点遗憾，让世界赞叹集体哲学魅力的却不是有着数千年古老传统的中国，而是和华夏文明有着极深渊源的现代工业文明的后起之秀日本。第二次世界大战后日本经济的复苏和崛起引起很多西方学者的学术兴趣，追本溯源，这些研究者最后认为日本经济的成功主要来源于日本企业中先进的管理模式，而这种管理模式的核心是团队精神（team work），即集体协作的精神。这成就了现代管理科学上的最新理论体系的出现。更有西方研究者通过进一步研究发现团队精神在日本民族文化中的渗透是其教育制度成功的表现之一。

本书的译者大都是原来在日本工作或学习多年的中国留学生，对这种集体协作精神和日本教育制度培养团队精神的成功之处有深刻而独到的体会，本书翻译的顺利完成也正是这种团队精神的具体体现。但是，作为译者的在日中国留学者毕竟都受过华夏传统文化的洗礼，大都在国内读完小学和中学甚至大学。在这个意义上，是否可以说，日本留学经验就像催化剂一样激活了译者体内潜睡多时的集体合作精神？如果上述这一点假设成立的话，那么今后的目标是否就应该是通过教育复苏传统文化中的集体合作精神？为了实现这个目标，首先自然就要改革不能实现传统文化中的集体精神复苏重任的现行教育制度。因此，目前要完成的重要任务之一就是进行规模巨大而程度彻底的教育改革，以便我国的各级各类教育制度对学生能够产生和日本留学一样的催化效果。译者期待本书能够在这一点上发挥思想启蒙的作用。

有学者说过大意如下的话，“一个中国人是一条龙，三个中国人是条虫”。译者没有时间认真考证，单凭记忆觉得国人中大约敢说此话的当是我国台湾地区的已故学者柏杨。抛开这句话里面似乎稍显偏激的感情成分和价值判断不谈，这句话所描述的客观事实却很少有人能够举出实例反驳。与此相反，支持这个观点的论据却很多。一代伟人如毛泽东主席尚有感慨诗云，“人民五亿不团圆”，虽然说的是解放以前的事情，但是否也可作为上述判断具有一定客观真实性的有力佐证呢？况且，解放也仅仅是政治和社会制度的改变，而制度改变未必能够触动积淀在灵魂深处的文化灰垢。

对国人有没有集体合作精神的追问和反思固然有其哲学和文化等学理上的重要价值，但绝非本译后记所能完成，也非译者的关心所在。这里，对国人合作精神的“有”与“无”暂且不问，译者最关心的是，本着有则改之无则加勉的原则，今后该如何在下一代中培养集体合作的团队精神呢？这是所有教育学者都不能不关心的重大问题。集体合作的团队精神不是个体与生俱来的本性，它需要社会环境尤其是系统教育制度的后天教育和认真培养，但这里的教育绝不是口头上的道德伦理的空洞说教，而是一种有目的、有计划和比较系统的潜移默化的长期陶冶。所以建立一个能够有利于孕育团队协作精神的教育环境是能否成功进行集体精神教育的关键。在这一点上，日本的教育进行了长时间的改革尝试，其中不乏成功的经验值得我们深入研究和借鉴。

但是，集体合作的精神必须建立在民主精神的基础之上才有其重要价值和现实意义。换句话说这种集体合作是出于个人的主观需要，是个人为了完成工作和任务而积极主动地寻求和他人合作的精神。强调集体利益和权力绝对凌驾于个人之上的历史离现实并不久远，它的幽灵还徘徊在我们身边的某些角落，死灰复燃也不是说完全没有可能，至少沉渣泛起的几率非常高。这样的现实和历史之间的矛盾让译者颇感在我国实施集体合作精神教育的困难。这是因为，一般说来，任何一项教育改革措施在初期都必须有点矫枉过正才能奏效，可是鉴于历史，如果过分强调集体合作，在某种程度上就蕴含着重蹈覆辙的危险性。那么，应该如何寻找两者之间的平衡点呢？这一点上，日本的教育制度同样做了很多努力，其中也不乏成功经验。侵华战争发生之前的军国主义是集体主义走向极端的典型，然而，侵华战争失败后的日本教育是如何走出军国主义的阴霾而建立起民主制度下的集体合作精神培养体制的呢？这也需要我们今后深入研究以利于借鉴和扬弃。

最后，译者要感谢为本书中文版的顺利出版而付出辛勤劳动的各界人士。首先，北京大学党委书记，我国著名教育经济学者和高等教育学者闵维方教授于百忙中抽出时间阅读本书中文版并亲自作序。其次是出版界人士，尤其是华东师范大学出版社教育心理部主任彭呈军先生和版权部负责日本事务的姜怡雯女士为本书的顺利出版付出了艰辛劳动。本书翻译成稿之后，立即有数家国内权威出版社抛来了橄榄枝。其中，华东师范大学出版社教育心理部主任彭呈军先生，在第一时间积极主动和译者联系，并很快安排妥当有关的出版事宜。姜怡雯女士在版权联络事务中发挥了重要作用。没有他们在中文版出版过程中所付出的艰辛劳动，很难想象本书能够如此顺利出版。在此，特表示深深的感谢。

译者

于上海浦江之滨

2009.03.31

图书在版编目（CIP）数据

大学教育力 /（日）金子元久著；徐国兴等译. —上海：
华东师范大学出版社，2009
ISBN 978-7-5617-6708-5

Ⅰ. 大… Ⅱ. ①金…②徐… Ⅲ. 高等教育-教育改革-
研究-日本 Ⅳ. G649.313.1

中国版本图书馆 CIP 数据核字(2009)第 121442 号

大学教育力

撰　　著　金子元久
翻　　译　徐国兴等
审　　校　苑复杰
责任编辑　彭呈军
审读编辑　李小娜
责任校对　王丽平
装帧设计　卢晓红

出版发行　华东师范大学出版社
社　　址　上海市中山北路 3663 号　邮编 200062
电话总机　021-62450163 转各部门　行政传真 021-62572105
客服电话　021-62865537(兼传真)
门市(邮购)电话　021-62869887
门市地址　上海市中山北路 3663 号华东师范大学校内先锋路口
网　　址　www.ecnupress.com.cn

印 刷 者　苏州市永新印刷有限公司
开　　本　787×1092　16 开
印　　张　10.75
字　　数　155 千字
版　　次　2009 年 9 月第 1 版
印　　次　2009 年 9 月第 1 次
印　　数　5100
书　　号　ISBN 978-7-5617-6708-5/G·4100
定　　价　22.00 元

出 版 人　朱杰人

（如发现本版图书有印订质量问题，请寄回本社客服中心调换或电话 021-62865537 联系）